框架文案

文案高手速成手册

橙花 著

清华大学出版社

北京

图书在版编目（CIP）数据

框架文案：文案高手速成手册 / 橙花著 . -- 北京：

清华大学出版社，2024. 9（2024.12 重印）. -- ISBN 978-7-302-67384-2

Ⅰ . F713.812

中国国家版本馆 CIP 数据核字第 20249X4V18 号

责任编辑：陆浥晨
装帧设计：方加青
责任校对：王荣静
责任印制：丛怀宇

出版发行：清华大学出版社
   网 **址**：https://www.tup.com.cn，https://www.wqxuetang.com
   地 **址**：北京清华大学学研大厦 A 座   **邮** **编**：100084
   社 总 机：010-83470000   **邮** **购**：010-62786544
   投稿与读者服务：010-62776969，c-service@tup.tsinghua.edu.cn
   质 量 反 馈：010-62772015，zhiliang@tup.tsinghua.edu.cn
印 装 者：艺通印刷（天津）有限公司
经 **销**：全国新华书店
开 **本**：170mm×240mm **印** **张**：13.75 **字** **数**：200 千字
版 **次**：2024 年 10 月第 1 版 **印** **次**：2024 年 12 月第 2 次印刷
定 **价**：68.00 元

产品编号：104066-02

从0到1，用文案打造逆袭之路

亲爱的朋友：

你知道吗，在这个世界上有一种东西，它拥有着神奇的力量。它仿佛是音乐家手中的指挥棒，一挥动，就能指引乐曲中的每个音符奏出悦耳的旋律，唤起听众内心最隐秘的情感涟漪，影响他们的情绪和行为。

事实上，你对这个东西并不陌生，因为它早已融入我们的日常生活，与所有人息息相关。在这个数字化飞速发展的时代，互联网将其影响力瞬间放大了无数倍。

它就是你使用的文字。请你记住：文字蕴含着神奇的魔力！

你可能会说，我从小就不喜欢写文章，我最害怕写作文了，我能写出这么神奇的文字吗？

我想告诉你的是，成为一名作家可能不是一朝一夕的事情，但是，如果你想快速写出能够引起关注并带来回报的优秀文案，那么在你打开这本书的那一刻，你的人生将发生奇迹般的改变！

因为，这本书里透露的秘密，可以让你迅速成为文案高手，让你的产品卖爆，让你成为朋友圈闪闪发光的那个人。

为什么这样说？

因为这本书，将为你透露文案高手一直在偷偷使用的文案写作秘籍，它的威力巨大。它从一个全新的角度为你剖析文案的底层逻辑，让你由浅入深彻底搞明白如何写文案。

在这本书里，你将学到：

◆ 一个神奇的思维模式，让你看透这个世界上万事万物的本质；

◆ 六个标题技巧，瞬间引爆你的文案，让读者只要看一眼就停不下来；

◆ 三个吸引力开头，牢牢黏住读者的注意力，让他必须追着读下去；

◆ 六个结构框架，让你一下笔就能快速收心收钱；

◆ 如何布局朋友圈，让你成为朋友圈吸金高手；

◆ 怎样写出走心的故事文案，让故事为你代言；

◆ 如何写出框架式收钱文案，让你轻松实现变现；

◆ 怎样驾驭 ChatGPT，让你秒变文案高手。

如果你掌握了其中的奥妙，你就可以快速写出极具爆发力的标题，你可以随时下笔开启充满吸引力的开头，你可以轻松构思一篇完整的营销软文，你可以写出令人追着看的走心故事……

总之，你的文案创作能力将一日千里，令人刮目相看！

不仅如此，在如今个人品牌全面爆发的年代，这本书将是你实现人生逆袭的 GPS。

在我和你分享更多的秘密之前，请允许我先介绍一下我自己。

我是橙花，不瞒你说，在过去的几年中，我有过两次从 0 到 1 的创业经历。虽然每一次都是无背景、无资源，完全从零起步，但是每一次我都取得了不错的成绩。而我 90% 的收入，都源自我的文案能力。

2014 年，我涉足电商行业，在淘宝开了一家儿童摄影服装道具店。虽然这是一门细分领域的生意，但是依然充满了竞争。在同质产品竞争白热化阶段，我的店铺却可以脱颖而出，每天稳定接单。后来，由于业务发展实在太过迅猛，我甚至不得不为同城客户专门开辟了线下门店……

我用短短的半年时间就做到了皇冠店铺，挣到了人生第一桶金。

你一定好奇，我是如何快速起步的。

其实，答案非常简单。

我只是在详情页文案上运用了一些营销技巧，成功破除了顾客的心理障碍，让顾客心甘情愿地追着我下单。

在 2021 年，我又迎来了人生第二次创业，投资了一家 SPA 馆。然而，让人始料未及的是，就在 SPA 馆即将开业之际，周边小区突然暴发了新冠疫情。

朋友们对于我在疫情期间选择经营实体店的决定非常担忧。然而，这段短暂的阻隔并没有击垮我。在春暖花开的日子里，我投资的 SPA 馆正式开业。

尽管当时人们普遍对于外出消费持谨慎态度，但开业不久，SPA 馆依然成功吸引了近百位会员客户。

作为一个从零起步、没有资源、没有背景的新店，面对人们对于出门消费的担忧，到底是如何做到开业就狂揽客户的？

答案依然是我的文案能力。

早在开业之前，我就通过个人公众号传递我的价值观和创业信息，成功地吸引了一部分人的关注。我通过一篇篇文章传递出的信息，点燃了周边人群对 SPA 馆一探究竟的欲望。当我开业的时候，通过极致的体验和服务，我顺利地将他们转化为店里的忠实顾客。

这两次的创业成功，都要归功于我的文案能力。

和你说这些，并不是为了向你炫耀我多厉害，而是想告诉你，文案有多重要。

如果你也想拥有信手拈来写文案的能力，如果你也想看透文字背后的秘密，如果你也想通过文字的力量获得源源不断的财富，那么请你一定要重视这本书中的每一个章节，甚至每一个字，因为这些文字里都藏着钱的秘密，那是你可以抓住的财富……

在开始之前，向你透漏一个秘密，写文案就是：

让看见的人打开，

让打开的人看完，

让看完的人行动！

好了，现在就开启你的文案逆袭之旅吧！

你的朋友：橙花

目 录

第四章　开头文案
三个方法，黏住用户的注意力

61

第五章　结构框架
六种框架，让你快速收心收钱

79

第一章

框架思维

透过框架，从高空鸟瞰世界

———————————— • ————————————

　　宇宙中的万事万物皆有各自独特的内在框架。这些框架犹如一种"认知密码"，可以帮助我们深入洞察事物的核心特质。

　　一旦理解了这些框架，我们就能够快速看清这个世界的本质。

第一节

隐藏在框架里的秘密

你一定发现身边有一些人，他们好像做什么事情都得心应手，不太费力。他们讲话井井有条，办事有条不紊，工作效率极高，赚钱轻松又简单。总之，他们的人生看起来潇洒自在。

然而，大部分人在生活中却常常疲于奔命。他们说话毫无逻辑，做事杂乱无章，工作效率极低，赚钱辛苦而微薄，生活总是处于迷茫和混乱之中……

那些言之有物、逻辑清晰，并且三言两语就能点透事物本质的人，往往都是高手。

所谓高手，指的就是在某个领域技能突出的人。而高手和普通人最大的区别就在于认知框架的不同。相同的事情，若采用不同的认知框架，就会得到不同的结果。例如，田忌赛马的故事。

赛马是战国时期最受齐国贵族欢迎的娱乐项目。上至国王，下到大臣，常常以赛马取乐，并以重金赌输赢。田忌多次与齐威王及其他大臣赌输赢，屡赌屡输。一天他赛马又输了，回家后闷闷不乐。孙膑安慰他说："下次有机会带我到马场看看，也许我能帮你。"

当又一次赛马时，孙膑随田忌来到赛马场，满朝文武官员和城里的平民也都来看热闹。孙膑了解到，大家的马按奔跑的速度分为上、中、下三等，等次不同装饰不同，各家的马依等次比赛，比赛为三赛二胜制。

孙膑仔细观察后发现，田忌的马和其他人的马相差并不远，只是策略运用不当，以致失败。孙膑告诉田忌："大将军，请放心，我有办法让你获胜。"田忌听后非常高兴，随即以千金做赌注约请齐威王与他赛马。齐威王在赛马中从没输过，所以欣然答应了田忌的邀请。

比赛前田忌按照孙膑的主意，用上等马鞍将下等马装饰起来，与齐威王的上等马比赛。比赛开始，只见齐威王的好马飞快地冲在前面，而田忌的马远远落在后面，齐威王得意地开怀大笑。

第二场比赛，还是按照孙膑的安排，田忌用自己的上等马与国王的中等马比赛，在一片喝彩中，只见田忌的马竟然冲到齐威王的马前面，赢了第二场。

关键的第三场，田忌的中等马和国王的下等马比赛，田忌的马又一次冲到齐威王的马前面，结果二比一，田忌赢了齐威王。

从未输过比赛的齐威王目瞪口呆，他不知道田忌从哪里得到了这么好的赛马。这时田忌告诉齐威王，他的胜利并不是因为找到了更好的马，而是用了计策。

随后，他将孙膑的计策讲了出来，齐威王恍然大悟，立刻把孙膑召入王宫。孙膑告诉齐威王，在双方条件相当时，对策得当可以战胜对方；在双方条件相差很远时，对策得当也可将损失减低到最低程度。后来，齐威王任命孙膑为军师，指挥全国的军队。

资料来源：百度百科。

从这个故事中不难看出，田忌赢得齐威王之前，对赛马的认知框架是：上等马对上等马，中等马对中等马，下等马对下等马。这可以称为"普通人的策略"。

而孙膑的认知框架是：下等马对上等马，上等马对中等马，中等马对下等马，这样才可以实现三赛二胜。这可以称为"高手的策略"。

同样一件事，同样的马，同样的赛制，仅仅是策略的不同，就高下立判。因此，我们不难看出，孙膑才是真正的高手。当然，他在战国时期卓越的战绩也足以证明这一点。

在我们的生活中还有很多这样的例子，普通人在复杂问题面前常常感到无所适从，处理问题时像无头苍蝇一样到处乱撞，抓不住重点。

相比之下，高手往往可以迅速、全面地分析复杂问题，并找出其中的核心问题。他们善于采用有效的策略以实现期望的结果。这一切主要源自他们善于掌握框架，或者说他们善于洞察事物的本质。

〇 什么是框架？

框架无处不在。一栋楼房的高度，取决于它的结构框架；一辆汽车的性能，取决于它的构造框架；一个公司的组成，取决于它的组织框架……

词典中对"框架"的解释是：事物的轮廓、范围和主要结构，如图1.1所示。

图 1.1

事实上，"框架"有两个层面的含义。

首先是物理层面的意义。世界上的万事万物，大到宇宙小到尘埃，都存在于自然规律或者人为设计的框架中。

植物叶片中的叶脉系统构成一种结构框架，负责输送水分和养分；动物的骨骼系统构成其生存和运动的基础框架，保护内脏并支撑肌肉；国家体育场的钢结构组件相互支撑，形成稳固的空间框架，赋予了建筑独特的形态；一个国家的行政区域划分构成了国家治理的层级框架，涵盖省、县、乡等不同级别。

其次是抽象层面的意义。 当解决或处理复杂问题时，框架是一种基本概念上的结构，用于组织和整合相关信息、知识和思维过程。我们常常提到的框架就是指这一层面，它是一种在认知和表达中使用的组织结构或模型。

举个通俗易懂的例子，在婚礼中被邀请发言，如果没有准备，我们就会毫无头绪，不知道如何应付。然而，只要我们掌握简单的结构——感谢、回顾、祝愿，就能轻松应对。

我们可以先表示感谢，感谢两位新人的邀请，再回顾过往，即新郎新娘一路走来的幸福事迹，最后表达祝愿，祝福新人和在座的朋友。

当然，如果我们能够在此基础上再完善一些内容，或者运用一些幽默风趣的措辞，发言就会呈现得更得体。

回想上学时，我们常常会听到校长或者老师在台上讲话。如果他们按照第一点、第二点、第三点的顺序罗列内容，就会给人一种逻辑清晰、重点鲜明的印象。这三个点构成了他们的演讲框架。

在社交场合中，我们可以按照过去、现在和未来的顺序述说。那么，回顾过去、把握当下、展望未来就构成了一个核心的框架。通过这种结构，我们可以清晰地向他人传达自己的故事、观点或计划。

在项目提案中，我们可以从顾客、竞争对手、公司的角度进行阐述，这三个方面就是我们搭建的框架。通过分析顾客需求、竞争对手优劣势以及公司能力，我们可以提供一个全面的项目计划，并展示其可行性和可持续性。这样的框架能够帮助我们有条理地组织提案内容，让投资者或利益相关者更好地理解和决策。

当然，关于说话的框架，还有很多类型。无论是哪种框架，你会发现，

框架将复杂的事物简化为核心要素和关键信息，帮助我们建立一种有序的结构，将事物的各个方面联系起来，使我们能够全面地认知和理解事物。

框架是一种思考和决策模式，它帮助我们定义问题、分析问题并解决问题。[①]

我们的大脑通过框架来捕捉事物中最重要的部分，从而能够轻松地应对各种情况。从这个角度来看，框架就像一盏明灯，照亮了原本模糊不清、云山雾绕的现实世界。

举个例子，一个人的行为受多种因素影响，分析其动机时会变得纷繁复杂。然而，一般人通常会不由自主地想到马斯洛需求层次理论，如图 1.2 所示。

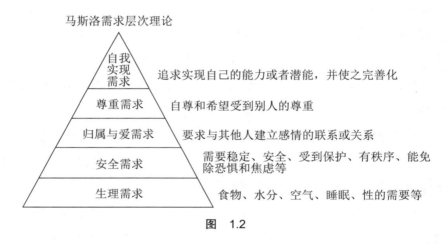

图　1.2

美国心理学家亚伯拉罕·马斯洛（Abraham H. Maslow）从人类动机的角度提出需求层次理论。该理论强调人的动机是由人的需求决定的，而且人在不同时期，都会有一种需求占主导地位，而其他需求处于从属地位。

马斯洛提出了一个理论框架，将人的需求分成了五个层次，包括生理需求、安全需求、归属与爱需求、尊重需求和自我实现需求。这个框架为我们

---

① 维克托·迈尔-舍恩伯格，肯尼斯·库克耶，弗朗西斯·德维西库. 框架思维 [M]. 北京：中信出版社，2022.

理解人类行为的动机提供了清晰的指导。它帮助我们从纷繁复杂的世界中抽丝剥茧，把握人类行为背后的核心需求。

由此可见，框架在理清事物本质方面的重要性不言而喻。

此外，我们常常看到的 5W2H 分析法是一种分析和解决问题的框架，它简单易懂且易于使用。5W2H 分析法既是一种流程，也是一种工具。

5W2H 分析法又叫七问分析法，创于第二次世界大战中美国陆军兵器修理部。简单、方便，易于理解，实用，富有启发意义，广泛用于企业管理和技术活动，对于决策和执行性的活动措施也非常有帮助，并有助于弥补考虑问题的疏漏。

发明者用五个以 W 开头的英语单词和两个以 H 开头的英语单词进行设问，即为什么（Why），做什么（What），何人做（Who），何时（When），何地（Where），如何（How），多少（How much）。发现解决问题的线索，寻找发明思路，进行设计构思，从而搞出新的发明项目。

5W2H 的优势如下。

（1）可以准确界定、清晰表述问题，提高工作效率。

（2）有效掌控事件的本质，完全地抓住了事件的主骨架，把事件打回原形思考。

（3）简单、方便，易于理解、使用，富有启发意义。

（4）有助于思路的条理化，杜绝盲目性；有助于全面思考问题，从而避免在流程设计中遗漏项目。

资料来源：百度百科。

常见的认知框架还有很多，比如：2W1H，包括 What（是什么）、Why（为什么），How（怎么做），是一个思考和解决问题的框架；品牌营销 4P 理论（产品、价格、渠道、促销），是一种分析营销问题的框架；企业 SWORT 分析法（优势、劣势、机遇、威胁），是一种经典的战略分析框架。

当我们深入探究框架的基本概念时，揭示其内部隐藏的秘密，对于全面理解和灵活运用框架至关重要，如图 1.3 所示。

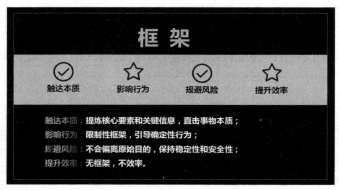

图　1.3

1. 框架触达了事物的本质

框架就像一个导图，它能够帮助我们整理事物的脉络。有了这个导图，事物的结构变得更加清晰，我们能够更轻松地理解和把握事物的核心要点。

以《影响力》为例，它是一本关于提升影响力和说服力的经典书籍，带给人们深刻的启示。百度百科是这样介绍这本书的。

《影响力》是 2006 年 5 月中国人民大学出版社出版的图书，作者是影响力"教父"、社会心理学家、全球知名的说服术与影响力研究权威罗伯特·西奥迪尼。

该书从实践技巧的角度，深度剖析影响力的逻辑、交换、说明、树立榜样、回避、威胁等各要素，全方位地提高你影响他人的能力，从而获得更大的成功。

看完这个介绍，你可能很难记住这本书的核心内容。但是，如果给你这本书的大框架，相信你很快就能记住书中的六大影响力原则，如图 1.4 所示。

图　1.4

如果再给你一个更细致的框架导图，你就会对这六大影响力原则理解得更深刻。

事实上，无论是影响力导图、2W1H、4P 理论还是 SWORT 分析法，它们都是通过提炼核心要素和关键信息，帮助我们去除细枝末节的干扰，直接深入事物的本质。

由此可见，框架非常重要。正如自然学科中的定律、建筑学中的图纸、军事学中的战术一样，框架为我们提供了清晰的思维路径和结构，它能够帮助我们更好地理解、应对和解决复杂问题。

因此，框架是理解复杂事物本质的一种"认知密码"。一旦掌握了这个"认知密码"，我们就能够洞悉事物的本质。

2. 框架会影响人的行为

丹尼尔·卡尼曼（2002 年诺贝尔经济学奖得主）在《思考，快与慢》中提到了"框架效应"：针对本质上相同的问题，信息的呈现或描述方式不同，会引发人们做出不同的反应或选择。

例如，有个酒鬼问神父："我可以在祈祷时喝酒吗？"神父回答："当然不可以，祈祷是多么神圣的一件事情，你怎么可以在祈祷的时候喝酒？"然后，酒鬼又问："我可以在喝酒时祈祷吗？"神父回答："当然可以，你在任何时候都可以祈祷。"

你看，即使是本质上相同的问题，不同的文字可以构建不同的感知框架，进而引起不同的情绪反应。这些情绪反应可以影响人的意识、判断和决策，并最终影响人的行为。

在医院里，病人询问医生手术成功率如何。医生有两种回答方式：答案A是"手术后，第一个月的存活率为90%"；答案B是"手术后，在第一个月里有10%的死亡率"。尽管两个答案传递的是同样的意思，但答案A更能让病人安心接受手术。这也表明，人们容易受到框架效应的影响。

在认知心理学中，框架可以被理解为人们对世界的认知和解释方式。它通过强调特定的信息和视角来影响人们的认知和判断，进而引导人们的行为。因此，选择恰当的框架对于引导行为和决策至关重要。

在做营销决策时，如果我们善于运用框架，把多个元素建立连接，形成一种限制性感知，就可以触发用户的意识综合框架 [1]（注意、觉醒、构筑、对知识的回忆、感情），从而有效地引导用户朝着我们希望的方向产生购买的行为。

3. 框架可以规避风险

在工作和生活当中，我们经常会面临各式各样的问题和挑战。框架作为一种认知工具，能够帮助我们全面地解决问题并规避风险，确保不偏离原始目的。

在盖房子时，先搭建框架能够为整个建筑提供基础结构和支撑，确保房子的稳定性和安全性。

在写作时，先搭建框架可以更好地把握整体思路，避免在写作中迷失方向，确保文章逻辑清晰且连贯。

在演讲或者交流时，先搭建框架有助于确保表达的条理性和逻辑性，使信息传达更有效，便于听众理解和接受。

---

[1]　源自《认知心理学》，意识综合框架又称为AWAREness，主要特征成分包括注意（attention）、觉醒（wakefulness）、构筑（architecture）、对知识的回忆（recall of knowledge）和感情（emotive）。

实际上，在我们搭建框架的那一刻，大脑已经意识到了我们的目标。框架的构建是大脑对目标追求的一种体现。或者说，当大脑获悉了一个信息并渴望实现一个目标时，它会促使我们去搭建框架，以此引导事态向我们的目标发展。

通过搭建框架，我们可以提前考虑可能出现的风险和问题，并更有针对性地采取行动，从而规避这些潜在的风险，实现更好的结果。

因此，在实现目标的过程中，框架非常重要，它可以帮助我们识别并规避潜在的风险。

4. 框架有助于提升效率

通过建立框架，我们可以提高工作效率，避免盲目行事。

框架作为一种工具或方法，不仅可以帮助我们建立有序的工作流程，减少无关信息的干扰，还能明确任务的优先级和关键步骤。

通过使用框架，我们能够以全局视野有条不紊地完成各个关键步骤，避免被琐碎的细节所困扰。最终，通过建立框架，我们能够有效提高工作效率，取得更好的成果。

例如，在制作PPT时，先搭建框架再填充内容，可以使思路更加清晰，从而提高工作效率。写一本书时，先制定好大纲和目录再逐步填写内容，可以使写作更有条理和清晰，也能够提高写作效率。

框架的作用在于帮助我们整理和组织思维，它提供了一个蓝图，让我们知道要向哪个方向前进，如何将各个部分连接起来。拥有一个明确的框架，我们便能专注于内容填充和细节细化，而不会丧失方向。

总之，**无框架，不效率**。做任何事情，我们都要学会先构建整体框架，再关注局部细节，通过搭建框架提高工作效率。

好了，相信你对框架的概念有了清晰的理解。从现在开始，你一定要重视框架的力量。

接下来，让我们进一步来了解什么是框架思维……

第二节

什么是框架思维

框架思维是运用框架定义问题、分析问题并且解决问题的思维方式。

在思考过程中，我们的大脑构建了不同的认知框架，这些认知框架引导我们做出不同的决策，进而产生不同的结果。就像田忌赛马的故事一样，采用不同的策略会导致不同的比赛结果。

高手和普通人最大的区别在于认知框架的不同。

高手通常都是能够看透事物本质的人。他们在自己所属领域建立了扎实的底层框架，能够深入理解事物之间的关系。所以，当面对复杂问题时，高手往往可以迅速地找到适应不同情况的策略。换句话说，**高手做事的秘密武器就是框架思维。**

缺乏框架思维的人在面对问题时容易陷入混乱，难以理清思路，常常在琐碎事务中迷失方向。没有清晰的思维框架，人们难以把握事物的全貌，也难以找到有效的解决方案，可能会导致一系列的问题。例如：

- 做事无章法，缺乏整体规划和方法论，使得再多的努力也只是低水平的重复，难以达到理想的效果；
- 说话无逻辑，缺乏主题结构，难以引导听众思考；
- 工作效率低，无法抓住重点，缺乏条理性，难以应对复杂问题，实现目标变得困难；
- 赚钱能力不足，容易陷入传统模式，缺乏创新和突破，导致付出多而收获少；

● 人生没有方向，缺乏明确目标，容易随波逐流，生活变得迷茫。

当我们把框架的概念应用于思考和决策时，框架就可以帮助我们洞悉各个元素之间的关系，高效地识别适合的选项，做出明智的判断。

框架思维作为一种思维方式，具有独特的魅力。

首先，框架思维注重全局观。它不仅关注问题的细节和具体情况，而且注重将这些细节有机地整合在一个全局框架内，形成统一的系统。这有助于我们避免陷入片面或局部化的思考，从而帮助我们做出更全面而准确的判断。

其次，框架思维强调关联性。它通过发现和建立要点之间的关联，帮助我们厘清事物之间的逻辑关系。这有助于我们把握问题的核心和关键因素，避免被琐碎的细节所迷惑。

最后，框架思维促使我们进行结构化思考。通过建立框架，我们能够更系统地分析和解决问题，避免通过碎片化的思维而随意行动。结构化思考有助于整齐有序地组织和管理信息，提高思考和分析的效率。

总之，框架思维能够提升我们处理复杂问题的能力。它促使我们保持独立思考，不再盲从他人或随波逐流。通过从全局的角度把握事态，框架思维有助于我们有条不紊地完成任务，从而提升工作效率。此外，清晰的思维框架使我们能够在各种情境下做出更明智的选择。

现在，你一定迫切想知道如何运用框架思维轻松赚钱，潇洒生活。下一个小节，我们就来揭秘，赶快翻页吧……

第三节

框架思维的运用

古人云："知行合一，笃行致远。"

当我们理解了框架的概念，明白了框架思维的重要性，我们就要逐渐提升自己的框架力，学会从十万米高空鸟瞰这个世界，摒弃低水平的重复劳动，逐渐成为高手。

那么，应该如何运用框架思维呢？如图 1.5 所示。

图 1.5

1. 以终为始，明确目标

运用框架思维，首先是以终为始、明确目标。这意味着在面对问题时，我们应该从最终目标出发，逆向思考，分析每一步该如何推进，以制定有效的策略。只有确立了明确的目标，我们才能在解决问题的整个过程中有针对性地行动，确保每一步都朝着最终目标的方向前进。

2. 建立标准，设计步骤

框架思维的核心在于确立一个标准，并将问题拆解成小的组成部分。通过设计步骤，确保每个环节都得到充分的考虑，进而有效地解决问题。

我们所学到的任何知识和理论，本质上都是几个关键词合成的步骤。因此，在追求最终目标时，我们需要确立标准，并设计解决问题的关键步骤。

正如在营销中需要设计营销流程一样，面对复杂问题时，关键在于运用框架思维来对问题进行分解和规划。在一个大的框架之下，我们需要设计并安排步骤，以确保每个环节都能得到充分考虑和处理。

3. 添加元素，形成闭环

有了框架之后，我们需要做的是添加各个元素并组织内容，确保形成一个闭环。

这里的元素可以被视为构成事物的基本要素，它们在建筑中是材料，在营销中是内容，在写作中是素材。

框架与元素是相辅相成的。在构建一个系统时，精心设计的框架和有力的元素都是不可或缺的。框架确定了整体结构和目标，而元素提供了具体内容来充实整个框架。只有框架与元素有机地结合在一起，才能形成一个完善的闭环系统，从而发挥其强大的潜力，并达到预期的目标。

4. 完善框架，迭代升级

解决一个问题不意味着所有问题都解决了。我们需要以更大的视角来看待问题，不断地完善框架，更新迭代自己的认知。

在人的一生之中，实现个人成长的关键是不断提升自己的认知，而完善框架和迭代认知，则是成为高手的核心秘密。

和你说说我是如何运用框架思维的。

年初，为了小范围测试一下我写的文案书初稿是否会得到大家的关注，我计划做一次直播连麦预售。

当时，作为一个默默无闻的素人，除了身边熟悉的亲人和朋友，几乎无人知晓我是谁。我从来没有尝试过任何一场直播。可以说，在浩瀚的互联网世界里，我完全是一个无名之辈。

考虑到借助于直播连麦展开活动，我制定了一个预售100单的目标。为了实现这个目标，我使用了五步框架策略：连麦切入、自我介绍、贡献干货、互动引爆和成交主张。

我是如何添加元素的呢？

首先，在连麦切入环节，我感谢了主咖，并分享了我与主咖老师有趣的认识过程。

其次，在自我介绍环节，我讲述了自己从0到1的两段创业经历，并特别强调是文案帮我在疫情之下创造了业绩。

再次，在贡献干货环节，我向直播间的小伙伴们介绍了框架文案的全新概念，并提到了好用的"五指框架"，这引起了大家极大的兴趣。

接着，在互动引爆环节，我准备了互动问题和目录素材，并且用"一见倾心"这四个字概括了全书的特点（一个思维、见字如面、倾向框架、心理按钮）。

最后，我提出了一个超级诱人的成交主张，并以生日为由提供超值赠品（这一天恰好是我的生日）。

当我宣布完成交主张，开始上架产品的那一刹那，视频号小店瞬间就被挤爆了，定价100元的书转眼就卖出了101本，入账10100元！

连麦结束以后，我进行了一番总结，发现了自己的很多失误。例如，由于是第一次直播，我对很多操作不熟悉，甚至不知道如何上架产品；说话的时候，有些素材的顺序运用得不太得当；忘记引出一部分提前准备的引爆点，等等。

即便如此，小伙伴们依然挤爆我的小店，使我超额完成了目标。这充分说明了运用框架思维的重要性，是框架保证了效率和效果。

再来看一个例子，在营销的世界中，无论你销售的是何种产品，经常会遇到客户提出"你这个东西怎么这么贵？"的质疑。

事实上，无论你给出什么报价，客户都会觉得贵。如果你一听到这样的说法就立即辩解你的产品有多好、材料是什么之类的，只会陷入机械化的对话，对实现营销目标没有什么帮助，反而会让顾客继续压价。

那么，有没有更好的方式来应对这种情况呢？

有一位营销高手，遇见爱讨价还价的顾客时，常常是这样回答的："是的，这个东西确实不便宜呀！但实际上，想买到一款真正适合自己的产品，只考虑价格因素是最不明智的。真正的行家会从两个方面来考虑如何选择这个产品……"

他的应对思路，实际上就很好地体现了框架思维的运用。

首先，他的目标是拉近与顾客的距离，从而销售更多产品。

其次，根据目标，他将应对步骤分解成"同意—颠覆—引导"。他首先同意顾客对价格的看法，满足顾客的存在感；然后颠覆顾客对产品整体的看法，用自己的专业知识恰当地解释原因；最后再灌输一个购买标准，彻底影响顾客的购买行为。

他只需要根据"同意—颠覆—引导"这个框架组织语言，把该说的内容添加进去，就完成了与顾客之间的交流和沟通。

最后，通常只要顾客被灌输了购买标准就会影响他们的决策。即使顾客暂时不在这里购买，他们到别的地方时，也会根据这些标准来考量产品，他们会重新评估产品，最终有可能再次回到你这里购买。

文案同样以实现销售为目的，而那些成绩斐然的文案高手之所以比你更出色，就在于他们驾驭框架的能力。

因此，如果你也想成为一名出色的文案高手，就必须培养框架思维的能力，掌握"框架"这个"认知密码"，学会从十万米高空鸟瞰这个世界……

第二章

框架文案

全新视角，解码文案的底层逻辑

千万不要因为想要掌握更多技巧，而忘记了探究文案的本质。搞清楚文案的定义，明晰文案的底层逻辑，才是成为文案高手必备的基本素质。

框架文案，恰恰是你快速掌握文案底层逻辑的最佳学习路径。

第一节

文案的定义：
看透文案，下笔不迷路

文案起源于广告行业，是一种在广告、营销和传媒领域中的文字创作形式。美国零售广告公司总裁朱迪思·查尔斯曾明确指出：文案写手（copywriter），就是坐在键盘后面的销售人员。这句话简明扼要地突显了文案的核心目标——实现商业目的。

在我看来，文案就是**以销售为目的，与顾客进行文字沟通的一种形式**。

这里的销售，我认为包含销售产品和销售自我。

销售产品是指销售具体的产品或者服务。销售自我，无论是企业还是个人，都可以指推广其品牌和价值观。从企业的角度来看，销售其品牌和价值观相对容易理解。从个人角度又该如何理解销售自我呢？

众所周知，个人品牌（个人IP）近年来成为一个广为流行的概念。现在是一个百花齐放、百家争鸣的时代，互联网和移动互联网的便捷给更多普通人带来了千载难逢的机遇，让每个人都能打造个人品牌并扩展自己的影响力。

在这个背景下，通过互联网传递自己的声音和个人价值观变得和销售产品一样重要，而文案则成为一种极为有效的传达介质。

你可能会问，销售产品会赚钱，销售自我可以变现吗？

答案是肯定的！

因为影响力即财富力。销售自我的威力甚至比销售产品的威力大百倍。

在我创建 SPA 馆时，我写过一些传递个人价值观的文章，这些文章启发了周边小区的一些业主朋友，他们纷纷成为我的粉丝，最终转化为顾客。

更令人惊喜的是，在之后的一两年时间里，陆续还有一些人通过公众号文章关注我，继而成为店内的顾客。

因此，请你不要把文案狭义地理解为销售产品。

如果从文案的长度来划分，文案可以分为长文案和短文案。长文案通常以文章或销售信的形式呈现，包括营销软文、品牌故事和宣传稿等；短文案则更加灵活，无处不在，包括品牌广告中的一句话、朋友圈文案、小红书文案、短视频脚本等各种形式。

如果从文案的功能来划分，文案可以分为引流文案、培育文案、成交文案等。引流文案的目的是吸引和筛选潜在顾客；培育文案则是在引流之后与目标顾客互动的文案，旨在建立与目标顾客的信任关系；成交文案则主要是为了达成交易、实现变现的目标。

如果从文案的特点来划分，文案可以分为带货文案、干货文案、观点文案、情节文案，等等。带货文案通常用于推广产品，具有明确的商业目的；干货文案一般提供科普知识，具有实用性；观点文案则用于阐述观点和立场，传递价值观；情节文案更关注故事性，通常会触发情感共鸣。

无论文案采用何种形式，它都是通过文字与客户进行交流和沟通，而且都具有一定的商业目标。通常情况下，这些商业目标通过销售产品、宣传品牌和传递价值观来实现。

文案一定是有好坏之分的，我们常常听到一句话"好文案就是印钞机"，而不好的文案则会令人厌烦，甚至遭到屏蔽。

不好的文案通常缺乏吸引力，它们往往以产品为中心或以自我为中心，下面是几个典型症状。

1. 自卖自夸

自卖自夸的文案忽视了受众的感受，只专注于展示自己想要传达的信息、好处或优惠。

这类文案很常见，无论是在社交媒体上还是其他地方，我们都会遇到自卖自夸的文案。它们常常让人感受到一种扑面而来的广告味。这些文案的创作者在撰写文案时很容易陷入自我表达的世界，只关注个人认知和产品，忽视了读者的需求和兴趣。

2. 无所不能

无所不能型文案错误地认为自己的产品包治百病，无所不能。

曾经有一位卖保健品的朋友，他在文案中声称自己的产品可以帮助降低三高、改善糖尿病，并能治疗各种慢性病。

然而，这样的信息却难以让人信服。人们会思考，如果这种产品真的有如此神奇的功效，那医院和医生的存在有何意义呢？

3. 晦涩难懂

很多人以为写文案就像写作文，非要追求语言的华丽，语不惊人死不休。结果往往写出来的东西晦涩难懂，冗长而空洞。

这几种典型的文案，给人的感觉就像是在苦口婆心地劝说你购买产品，而生活中我们常常不喜欢这样的感觉。

去年我创立公司后不久，认识了一位做运营的人。认识没多久，他就开始不停地给我发各种信息。最开始是他的公司优势和美业运营案例，见我兴趣不大，就改为一周给我发几次行业信息，如店长职责、薪酬制度、总裁培训照片等，接连不断。见我还是没反应，他就更勤快了，上午发早安问候，晚上发工作总结，每天坚持不懈，一直持续了一个多月。

我实在不胜其扰，问他为什么天天给我发信息，不烦吗？他说，他相信总有一天能感化我，让我选择他的服务。但最终，他没有等到我被感化的那一天，因为我毫不犹豫地把他屏蔽了。

因此，写文案千万不能给人苦口婆心的感觉。否则一定会偏离实现销售的这个商业目标。

现在，你一定好奇什么才是好文案。下一小节将为你揭秘……

第二节

框架文案：
树立正确的文案认知

○ 什么是框架文案？

框架文案是由"框架思维"+"文案"构成的，如图 2.1 所示。

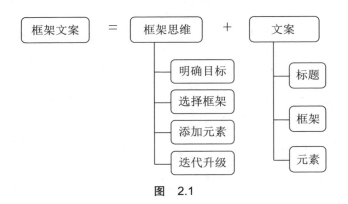

图　2.1

在前面的章节中，我已经就框架思维做了比较详细的介绍。接下来，和你分享我将文案理解为"标题+框架+元素"的原因。

首先，在文案中，标题的重要性不言而喻。标题是打开用户注意力的开关，在整个文案中有着非常关键的作用。标题写不好，用户甚至不会打开文案，更不要说实现商业目标。好的标题能够让文案脱颖而出，吸引更多的用户。

因此，我把标题单独列出来。它就像打开通向文案高手之门的神奇钥匙，让你展示瑰宝于众人。（后面的章节会介绍更多的技巧，探讨如何写出吸睛标题，引爆你的文案。）

其次，框架文案是从文案的结构框架这一角度出发，探讨如何写出收心收钱的文案。因此，框架是框架文案的核心要素。

在撰写文案时，如果你已经掌握一些可用的框架，你可以直接选择合适的框架去完善你的文案。如果没有合适的框架，你可以根据自己的目标提炼出关键要点，并以此构建框架进行文案创作。

同时，在平时的学习中，你不仅需要学会积累经典的文案框架，还要学会从优秀的文案作品中发现并提炼出能够为你所用的框架。

最后，关于元素，它和框架密不可分。框架关系到整体的用户行为导向，而元素关系到如何去实现你想要用户产生的那些感觉（好奇、信任、期待、渴望、惊喜等）。

比如说，你想要用户产生信任的感觉，你可以添加个人故事、引用权威报道或者名人背书，还可以借助客户见证去展示，也可以添加零风险承诺的保证，等等。

如果你想要用户产生渴望的感觉，你可以通过卖点提炼、价值塑造或者超级赠品来实现，而这些具体的内容就是文案中的元素。

总之，标题是打开奇妙大门的钥匙，能够吸引用户的注意力并引导他们进入文案的世界。与此同时，框架和元素就像孪生兄弟一样紧密关联，它们相互支持、相互依存，共同构成文案的核心内容。

没有稳定的框架，文案就会缺乏组织和方向。框架决定了文案的整体结构和逻辑，它给予元素合适的位置和顺序，让文案有条不紊地进行并且易于理解。同时，框架也引导读者的阅读路径，引起他们的兴趣和好奇心。

然而，单独有框架还不足以令文案生动有趣。元素是为了丰富文案而存在的，它们赋予文案个性和特征。独特的元素能够吸引读者的眼球，激发他们的情感共鸣。

因此，文案＝标题＋框架＋元素。通过精心设计的标题吸引用户的关注，然后通过恰到好处的框架布局和丰富多样的元素填充，文案才能真正生动有趣、引人入胜，并最终帮助实现销售目的。

标题、框架和元素，三者缺一不可。

○ 框架文案的优势

1. 直达目的

框架文案以框架思维为指导性思维，通过明确目标，从全局出发布局文案写作，引导读者理解和吸收文案内容，并激励他们采取行动。

2. 极为高效

框架文案帮助文案创作者快速梳理思路，通过把握关键要点及其相互关系完成文案创作。它有助于减少文案创作中的迷茫和思考时间，提高文案创作效率。

3. 适应性强

框架文案不仅引导文案创作者运用框架思维定义问题、分析问题和解决问题，而且引导他们选择或者创造一个基础框架，完成文案创作，甚至还提供大量的文案模板，让他们套用就可以写出收心收钱的高手文案。

实际上，框架不等于模板。一个框架可以衍生出无数个模板，以适应不同的场景需求。从这个角度来看，框架文案是一种灵活创作的文案，具有很强的适应性，可以适用于不同的写作任务和需求。

4. 实操性强

框架文案涵盖了原理、方法、案例和模板等内容。这些内容简单易懂，具有很强的实用性。

对于想学习文案和提升文案转化效果的人来说，框架文案无疑是超级实用的落地指南手册。

第三节

高空框架：
从全局鸟瞰文案创作

既然文案是以销售为目的的与顾客的文字沟通，那么从全局的角度来理解文案就显得尤为重要。

让我们先来看一个营销界的故事。

美国有一位顶级的文案高手，最初从事传统邮件（DM）销售，他从写信中悟到了文案设计的核心秘密。

他发现，传统的邮件都是模式化的，打印的信封，里面装着几个广告册子，然后邮寄给客户了，转化率很低，因为很多时候，客户看都没看就直接扔进垃圾桶了。

他认为，自己如果想用 DM 赚到钱，必须做到以下几点。

（1）让看见的人打开。

（2）让打开的人看完。

（3）让看完的人购买。

基于这个认识，他设计了一个精妙的文案，这个文案帮他挣了一大笔钱。他是如何做到以上三点的呢？

第一步：让看见的人打开。

他将信封设计得和 DM 完全不同，从地址到收件人，看起来就像手写的一样，并且使用了挂号信。这样，收到信的人就会觉得与众不同，自然就想打开读一读。

第二步：让打开的人看完。

他是如何做的呢？

当一个人打开他的信以后，居然发现信的开头直接贴着 10 美分硬币。然后他是这样写的。

亲爱的朋友：

你好！

也许我们还不认识，但是我们有一个共同的朋友，我们都很喜欢它，它就是钱，这 10 美分，我送给你……

收到这样一封奇特的信，几乎每个人都很兴奋，于是就很好奇想读完下面的文字……

第三步：让看完的人购买。

后面的文字，经过他的精心策划，用了非常厉害的营销策略，最终实现了超高转化率的下单购买。

资料来源：王通公众号，https://mp.weixin.qq.com/s/K9LXrYWxuul_vFrBtzVpCg.

这是美国营销鬼才盖瑞·亥尔波特的故事。他曾经写过一封世界上最赚钱的销售信，这封信仅仅 350 个字，却让他赚了 1.78 亿美元。

通过盖瑞的故事，我想强调的是：一个文案创作者的重要特质就是拥有框架思维。一旦拥有了这种思维，就能够具备整体布局的能力，就像诸葛亮在战争中可以运筹帷幄，决胜千里之外。

文案的高空框架可以总结为："让看见的人打开、让打开的人看完、让看完的人行动"。这不仅是文案创作的全局性思维，也是文案撰写的指导原则。许多人在创作文案时感到迷茫，或者创作的文案缺乏吸引力，通常是因为没有构建这样清晰的高空框架。

　　从全局再聚焦到一篇文案上，无论是长文案还是短文案，都应该有自己的框架，在这个框架内，各个元素相互配合，共同构成文案的完整表达。

　　在撰写文案时，要树立正确的文案观，建立"先整体再局部，先框架再元素"的思维模式。在下笔之前，应对文案的谋篇布局进行构思，在大脑中搭建清晰、合理的框架，然后逐步添加各种元素，完成文案的撰写。

　　接下来，让我们从高空回到地面，找寻那个文案中的"框"到底是什么……

第四节

三框理论：看透本质则万事皆通

在这个世界上，万事万物皆有其框架，文案也不例外。

《文心雕龙》里提到："振本而末从，知一而万毕矣。"这句话的意思是，写文章要抓住结构框架，理解其本质，一旦掌握就能万事皆通。

就框架文案来说，文案有三框，它体现了文案创作的三重境界。

○ 三框：严框—沿框—延框

文案"三框理论"指的是写文案要从"严框"到"沿框"再到"延框"，循序渐进，逐渐提升。

首先，要掌握基本的文案框架，写出合格的文案；然后，要明白这个框架背后的底层逻辑，也就是营销和人性的秘密；最后，要突破文案框架的限制，成为一名真正的文案高手。

框，即框架、规律、结构。

严框，就是以框为指导，认真学习基础文案知识和方法（先学会这样写）。

沿框，就是对文案框架背后人性的探求（再明白为什么这样写）。

延框，就是突破框架的限制，产生创新思维（最终要破框到达无相境界[1]）。

---

[1] "无相"是佛教语，与"有相"相对，指摆脱世俗之有相认识所得之真如实相。这里的"无相境界"寓意超越框架，摆脱框架的束缚。

下面来看一下三框模型，如图 2.2 所示。

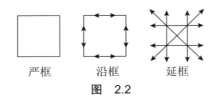

严框　　　　沿框　　　　延框

图　2.2

简单来说，严框就是"学"，沿框就是"悟"，延框就是"破"。

事实上，你所羡慕的那些文案高手无一例外都是掌握框架的高手。他们之所以能够创作出杀手级的文案，正是因为他们掌握了文案框架中的核心秘密，能够准确地把握文案的结构和元素，运用合适的叙事手法和情感激发策略，在吸引读者的同时提高文案转化率。

如果你写不出杀手级的文案，很可能是因为你还没有完全理解并掌握这些文案框架的核心秘密。

一旦掌握了这些秘密，你就会发现写文案原来如此简单。

举个例子，朋友圈文案有一个简单的写作框架，但遗憾的是，大多数人都不理解它。下面来看一幅图（图2.3）。这是我朋友圈（2022年9月7日）的一个截图。

图　2.3

当你浏览朋友圈时，会发现文案的呈现方式千差万别。一些文案布局合理、段落分明、内容简洁明了，自然而然地吸引人们想要点开看看（如图 2.3 中的前两条）。而另一些文案则结构不够清晰，六行文字挤得满满当当，给人一种压抑和乏味的感觉（如图 2.3 中的第三条），但当你点开第三条文案时，会发现更多意想不到的情况（如图 2.4）。

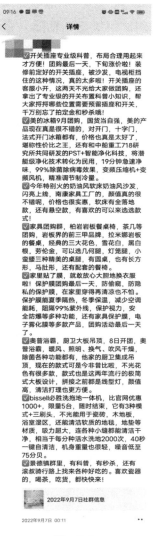

图　2.4

你可能没有想到，点开被折叠的那篇文案，里面竟然是密密麻麻的文字。这完全符合了缺乏吸引力文案的典型症状——自卖自夸。

请问，如果这样的信息出现在你的朋友圈，你会认真看吗？我想你大概率是不会看的，因为它太烦琐，而且没有条理，你甚至可能不会打开下面那个链接。

事实上，许多人并不擅长撰写文案，有的人只是机械地复制和粘贴，有的人写的文案要么晦涩难懂，要么冗长啰唆。

然而，我们必须认识到，仅仅复制粘贴只会削弱文案的独特性和吸引力，晦涩难懂的表达方式容易让读者感到困惑并失去兴趣，冗长的文案则容易使读者感到疲劳。

图 2.4 中的那段文案展示了一种自我陶醉的风格，堆砌了大量信息，却忽视了读者是否真正感兴趣。这实际上反映出创作者对文案结构和读者的心理理解不足。

想要写出引人入胜的文案，我们就不能将所有信息简单地堆砌在一起。相反，我们应该学会运用文案框架和人性密码。

文案框架可以帮助我们明确文案的结构，将信息有条不紊地呈现给读者。人性密码则帮助我们深入了解目标受众的需求、兴趣和痛点，进而与他们建立更紧密的情感联系。

朋友圈文案有一个基本的写作框架，即"标题 + 内容 + 结尾"。我们可以遵循这一文案框架进行创作，并注意合理分段，以增强文案的易读性。

现在，我们来分析一下被折叠的那篇文案。可以推断出，该文案旨在吸引读者点开文章链接，以获取更多装修团购信息，从而促使他们参与团购。

假如把这条信息改成如下文案。

重磅！让你省大发的 9 月装修团购信息

开关插座到底怎么布局才合理？想要大牌冰箱的大优惠？上哪里找啥都有的家居团购群？

你是不是正在为装修的大事小事发愁？正好，你想要的装修情报，9 月团购群里都有。

立刻打开这个链接，抱走让你省心又省钱的好东西！

遵循上述文案框架改写后，朋友圈展示的标题变得简单明了，使读者能够迅速理解这条文案所表达的意思。同时运用"重磅""省大发""团购"等与"你"的利益相关的词汇，让"你"感到有利可图，激发"你"想要继续阅读的兴趣。

中间的两段内容展示了想要装修的那些潜在客户可能会遇到的问题和障碍，这样的句子能够准确地击中目标客户的痛点，触动他们的核心需求。

结尾处非常明确，号召"你"立刻行动，打开链接，甚至还强调打开链接以后，"你"可以抱走省心又省钱的好东西。

如此一来，通过应用框架改写的文案，寥寥数语就可以简单明了地表达核心信息，还能勾起目标客户的兴趣和欲望。

当你严格按照这样的框架训练自己时，你将逐渐进入文案的第二重境界——沿框，也就是探求框架背后隐藏的营销和人性的秘密。

为什么要在朋友圈采用三段式文案？

为什么要写一段空一行？

为什么要简写信息？

为什么要用"你"字？

……

因为人们喜欢简单而非复杂的东西，因为"你"只关心和"你"有关的信息……

上述文案框架及核心要点都遵循了从人性角度出发，仅此而已！

当你逐渐掌握文案的核心原理和背后人性的秘密，能够知其然知其所以然，你将进入文案的第三重境界——延框。在这个境界里，你不再受限于框架的束缚，能够自如地创作文案，你的文案可以做到于无声处听惊雷，你的成交也可以做到了无痕迹。

所以，请你记住**"文案有三框，境界有三重"**。请你先"严框"，再"沿框"，后"延框"，也就是先学习，再领悟，后突破。

现在，相信你理解了"三框理论"对文案创作的指导意义。

接下来的几个章节，我将从标题、开篇、内容结构等方面逐一揭示框架文案的核心秘密……

第三章

标题创作

六个技巧，让你的文案直接引爆

在这个信息过剩而注意力极度稀缺的年代，如何在互联网上吸引用户的注意力成了一个重要的课题，而标题恰恰是打开注意力的开关。

那么，标题中到底隐藏着什么不为人知的秘密？如何掌握这些秘密，并运用到标题创作上？这正是本章将带你探讨的问题。

第一节

RS 法则：有效标题的吸引力法则

还记得文案的高空框架吗？

文案就是让看见的人打开，让打开的人读完，让读完的人行动。

在文案创作中，标题的重要性不容小觑。如果内容是满园的风光，标题就是通往这片风光的一道门，若这扇门破败不堪，人们在匆匆一瞥后便失去了推门而入的欲望。

回想一下，当你每天浏览手机上的推文时，是否会跳过大部分信息，只读其中几个感兴趣的内容？

答案是肯定的。这是因为你的注意力是有限的。所有的广告都在争夺你的注意力，但是你只会点击那些吸引你注意力的信息。

因此，在文案领域，争取注意力是标题的重要职责。即使文案极具说服力，产品优秀，故事感人，如果无法吸引到目标顾客的注意力，文案依然失去了意义。

如果你想成为一名优秀的文案高手，就必须具备写出好标题的能力。只有通过令人瞩目的标题，你才能引导读者逐步了解你的内文信息，并最终达成营销目标。

首先，让我们来探讨一下写标题时的几个常见误区。

不合理的标题通常具有以下几个特征。

1）没悬念

缺乏悬念的标题无法激发人们的点击欲望。例如：

● 这是一款新型的打印机。

这个标题乍一看似乎没什么问题，并且提到了"新型"这个词语，但是却太过平淡，没有任何悬念，无法激发读者点击浏览的欲望。

● 如何正确刷牙？

这个标题直接告诉读者内容是关于正确刷牙的，但是没有留下任何悬念。读者可能会认为这是一个既普通又无趣的话题。

2）标题党

标题党所使用的标题与实际内容完全不符，读者点开后会感觉被欺骗，从而产生失望和厌烦的情绪。这种情况会导致读者对作者产生不信任的感觉。例如：

● 全球震惊！巨型外星人在地球降落！

实际内容是一个小偷身穿外星人服装在街头行骗被拍到的信息。

● 揭示成功人士背后的真相！

实际内容是一篇普通的职业发展建议文章，没有真正揭示成功人士的秘密。

一个好的标题应该准确、清晰地传达文案的核心信息，并激发读者的兴趣。在撰写标题时，我们必须确保其与内文内容相符，这样读者点击标题后才能获得他们期望的内容，并逐渐建立起对作者的信任和好感。

3）模糊不清

一些标题含糊不清，令读者难以理解其要传达的信息。例如：

● 即刻开启新世界。

这个标题含糊不清，让读者不知道要开启什么样的新世界。

● 冥冥之中有人指引，撕裂现实的能量之波。

这个标题使用了含糊不清的抽象词语，让读者难以理解标题的意思。

4）虚假夸张

一些标题过于夸张，给人不真实的感觉。例如：

● 这个理财产品能让你变成百万富翁。

这个标题给人的感觉像是夸张的承诺。

● 读完这本书，你的智商将媲美天才。

这个标题声称读完一本书后智商能媲美天才，但实际上我们都知道聪明才智的发展需要长期的学习和努力。因此，它会给人虚假夸张的感觉。

美国文案大师罗伯特·布莱在《文案创作完全手册》里面提到，标题具有以下四大功能。

1）吸引注意

标题的主要作用就是吸引读者的注意力，可以通过引发读者的好奇心、击中读者的痛点、为读者提供好处、提供最新消息等方法，来吸引读者的注意力。

比如，可以在标题中使用"为什么""如何""赚钱""快速""免费""最新消息"等词语吸引读者注意力。例如：

● 如何在5秒之内创作一个令人尖叫的标题？

2）筛选听众

标题可以筛选合适的用户，排除非潜在客户。

事实上，文案是针对特定人群而写的，并不面向所有人。如果你将所有人都视为潜在客户，那么你很可能无法取得良好的销售结果。因此，了解目标客户群体的特点至关重要。

你需要分析目标客户，了解他们的共同特征，然后针对这个特定的人群进行有效的对话。相应地，你的标题也是写给目标人群看的，同时它具有筛选目标群体的作用。例如：

● 还有谁想成为抖音带货高手？

这个标题筛选的就是对抖音带货感兴趣的人。

3）传达完整信息

标题通常是对一篇文章中心思想的概括，读者通过阅读标题，大致能推测出这篇文章在讲什么内容。例如：

● 行为心理学研究发现：感恩的习惯能提升情绪和幸福感！

这个标题引用了行为心理学研究的结果，传达了一个完整的信息，让人一看就知道文章是讲什么内容的。

4）引导读者阅读内文

标题的终极目的是让看见的人打开并阅读内文。所有的标题都必须做到这一点才是成功的标题。否则，如果用户未能继续阅读，你的文案就失去了意义。

● 改变思维方式，迈向积极人生的3个关键策略。

这个标题旨在引导读者改变思维方式，同时提供3个关键策略，激发读者深入探索内文。

总的来说，我认为吸引力是衡量标题有效性的重要标准。如果标题缺乏吸引力，可能无法抓住潜在读者的注意力，从而错失传达信息的机会。

如何创作出具有吸引力的有效标题呢？关键在于能够抓住读者的注意力。

有两个至关重要的因素能够激发读者的注意力，它们是启动注意力的两个关键"开关"。这两个"开关"共同构成了所谓的 RS 法则，即注意力法则。

○ 第一个开关：相关性（relevant）

从人性的角度来理解，"你"不关心与"你"无关的事情，"你"只关心与"你"有关的事情。因此，与"你"相关的信息，就可以吸引"你"的注意力。

以下 3 个策略都与"你"紧密相关。

（1）直接与"你"有关。

什么东西最能够引起你的注意呢？

你一定有过这种体验，在川流不息的人群中，不管周遭的环境多么嘈杂，只要有人喊你的名字，你就能立马分辨出。因为你对和自己有关的事情无比敏感。

在标题中可以直接使用"你"。例如：

● 如果中奖 500 万元，你将如何安排自己的人生？

也可以不直接使用"你"，而是采用人群标签，例如：

● 给摄影初学者的 8 条建议

（2）对"你"有用。

你一定关心自己需要的或者对自己有用的东西。从这个角度来说，利益驱动可以吸引你的注意力。标题中可以包含"你"，也可以不包含"你"。例如：

● 零基础学框架文案，副业月入 3 万元，走上财富自由之路！

（3）驱动"你"的好奇心。

从婴儿呱呱坠地的那一刻起，我们就踏上了充满好奇的人生旅程。对于能够引起好奇心的事物，每个人都有强烈的探索欲望。一个标题若要有效，就需要触动这种内在的好奇心。例如：

● 当我在钢琴前面坐下来的时候，他们哄堂大笑，但是，当我开始演奏时……

这个标题激发了强烈的好奇心，让人不禁思考：当你开始演奏时会如何呢？会有什么反转吗？

综上所述，遵循从与"你"紧密相关的 3 个方面来构思标题，可以让标题极具吸引力。

○ 第二个开关：刺激性（stimulating）

有些事情虽然与你并不相关，但只要它足够刺激，就能够迅速吸引你的注意力。比如，当你正在全神贯注地读书时，突然脚下的楼板开始摇晃，头上的吊灯也开始摇摆，地震来了。此时，你肯定无法继续认真看书，因为你的注意力已经被地震吸引走了。由此可见，人的大脑对于刺激性的事物非常敏感。

标题如果具备了刺激性，就能够迅速抓住读者的注意力。

如何实现刺激性呢？

你可以通过新鲜性、神秘性、颠覆性信息牵引用户的注意力。

新鲜性：娱乐八卦、突发灾难、新闻等都符合新鲜性。例如：

● 全球首次！新型无人机成功实施医疗紧急救援任务。

这个标题强调了新鲜、突破和令人振奋的内容。

神秘性：财富、性、秘籍等都符合神秘性。例如：

● "95 后"小伙每天躺赚 15 万元的神秘生意曝光。

这个标题激发了人们的好奇心，读者迫切地想知道如此年轻的小伙是如何每天躺赚 15 万元的，他做的神秘生意到底是什么。

颠覆性：强烈冲突、违背常理、与众不同的观点都符合颠覆性。例如：

● 谁说薄利多销？明明是暴利才好卖！

这个标题通过颠覆性的观点，给人一种刺激的意外感。它可以在读者的心中引发一系列的疑问和思考：薄利多销难道不好吗？为什么暴利才好卖？这些问题吸引了读者的注意力，导致他们想要点击标题了解更多。

如果你能够把相关性和刺激性结合起来使用，标题的威力就更大了。

例如：

● 发现隐藏在你工资里的致富秘密。

这个标题直接用"你"，会让"你"很敏感，因为与"你"相关。同时，"隐藏"和"致富秘密"这两个词语营造出神秘感和刺激感，激发"你"的好奇心，让你忍不住想点开看看。

让人忍不住点击的标题，就是具有吸引力的有效标题。

总之，相关性和刺激性共同构成了"RS 法则"，它是一种"注意力法则"，也是有效标题的吸引力法则。在撰写标题时，务必检查标题是否符合"RS 法则"，以确保标题具备足够的吸引力。

接下来，让我们一起来看看在标题创作中，符合"RS 法则"的六种技巧。一旦掌握了这些诀窍，你就成功掌握了撰写吸睛标题的六个绝招……

第二节

数字高潮：提高文章点击率

在互联网时代，吸引用户的眼球至关重要。标题是吸引人注意力的关键因素，而数字是写好标题的第一大撒手锏。数字具有突出性、具体性和对比性的特点，可以快速吸引读者的注意力。

人的大脑更容易理解和处理简洁、清晰的信息。数字能够帮助大脑快速捕捉关键信息，对人脑有着极大的刺激作用。比如说，当你与朋友聊天时，如果你说"有了 ChatGPT 的帮助，我最近的书稿写得非常快"，对方可能感到含糊不清，无法具体感受到速度到底有多快。

但是，当你说"有了 ChatGPT 的帮助，我一天就写完了两个章节，共32 页的书稿"，这一具体的数字立即在对方大脑中产生强烈的刺激感，使他们能够明确地感受到速度的快慢。

标题中使用数字有很多好处。它在增加冲突性、激发好奇心和增强可信度三个方面的作用尤为突出。

1. 增加冲突性

数字可以用来形成冲突，比如，从 0 到 1、从 1 万到 100 万、从负数到正数，等等。这种冲突能够引起人们的注意，使他们想要了解更多有关数字变化背后的故事或原因。例如：

● 从月入 3000 元到月入 3 万元，秘诀竟是掌握了这个思维方式。

这个标题通过数字对比形成一种冲突感，激发了人们探索内文中秘诀的渴望。

● 15 分钟的冒险，为她带来 180° 的人生转变。

这个标题巧妙地运用了时间数字"15"和角度数字"180"，它们之间的强烈对比形成了冲突感，能够让读者的大脑迅速活跃起来。这种数字的巧妙运用，可以有效地吸引读者的注意力，并促使他们想要探索标题背后的故事。

2. 激发好奇心

标题中使用数字可以突出数量、时效性和限定性，这有助于提示信息的实用价值。这种策略可以激发读者的好奇心，促使他们想要了解更多有关这些数字所涉及的具体信息和内容。例如：

● 10 个技巧让你轻松提升写作能力。

看到这个标题，读者就会想知道这 10 个技巧到底是什么。

3. 增强可信度

在某些情况下，具体的数字可以增加标题的可信度。比如，当使用数字描述研究、统计数据或者客户见证时，数字可以让读者相信该标题所提供的内容是基于真实和可靠的信息。例如：

● 采访了 29 位创业女性，我终于知道如何做个人 IP 了。

这个标题中的数字"29"，非常具体，给人一种值得信赖的感觉。

常见的数字类型有时间数字、数量数字和金钱数字，有的标题甚至使用多个数字组合。例如：

● 仅 3 个月，她靠文案赚了 28 万元，学会这些绝招你也可以做到！

● 天啊！不用花 1 毛钱，才 6 天，她居然瘦了 8 斤。

● 学会这 5 招，30 天轻松练出马甲线。

现在，请打开你的手机，随意浏览几篇文章的标题，你就会发现数字在标题中的应用非常广泛。重要的是，它一直有效，并且一直是吸引读者注意力的强力武器。

　　这里留一个问题请你思考：作为一种简洁的符号，数字迎合了人性中哪一个习惯，从而成为一种刺激感官的撒手锏？

　　你的答案是什么？

第三节

强烈对比：反差中激发好奇心

在前面的章节中，我们认识到标题之所以具有强烈的冲击力，部分原因在于运用了对比手法。强烈的对比能够在反差中激发读者的好奇心。

对比类标题具有独特的特点，它们通过突出事件或者素材中的差异点，制造出冲突感。而强烈对比则进一步扩大和加强这种差异，给人以强烈的冲突感。我们通常可以利用数字对比、矛盾对比或者常识反差对比等手法来制造引人注目的冲突感。

1. 数字对比

通过上一节的学习，我们已经对数字反差有了很好的了解。与金钱相关的数字对比则特别引人注目。例如：

● 1 万元与 100 万元，如何迈过这道财富鸿沟？

2. 矛盾对比

矛盾对比的核心在于突出差异。例如，标题"辞去年薪 50 万元的工作以后，悲从中来"，就展示了一种矛盾对比。

当你能够让矛盾之间出现一一对应的关系时，标题带给读者的情绪感将更加强烈。例如：

● 从四线小城市月入 3000 元的幼师，到勇闯帝都月入 3 万元的培训师，我究竟做对了什么？

● 普通话都说不好的他，竟然逆袭翻盘，成为世界 500 强的运营高管！

这种差异化越是写到极致，越能刺激人的大脑并吸引人的目光。

3. 常识反差对比

常识反差对比是一种颠覆常识的差异化对比。例如：

● 从 100 元到 1000 万元，一位寻常人的非凡故事。

● 谁说失败是成功之母，明明成功才是！

这样的标题能够颠覆读者的常规认知，激发他们对非常规现象的好奇和思考，进而驱使他们深入阅读文章，寻找标题背后隐藏的秘密。

综上所述，数字对比、矛盾对比和常识反差对比等技巧都是激发读者好奇心的有效手段。如果你想成为一名文案高手，那么，从现在开始，你应该着手练习这些技巧，学会在标题中识别并创造对比，逐步提升你的创作能力。

第四节

提出问题：带动读者一起思考

提出问题是引发思考的一种有效技巧。在标题中巧妙地使用疑问句式提出问题，可以吸引读者的注意力。

常见的疑问句式包括"为什么""如何""怎么样""还有谁""怎么办"。

1. 为什么

"为什么"应用在标题中有两个显著的作用：激发读者的求知欲和揭示文章的主旨。

首先，当读者看到"为什么"标题时，他们往往会不由自主地寻找答案。这是因为人的大脑天生倾向于寻求完整性和逻辑性，对于未知和不完整的事物充满好奇。"为什么"类型的标题恰恰迎合了大脑的这种认知偏好，因此，它能够有效地吸引人们的注意力，并唤起探索的动力。例如：

● 同样是写文案，为什么你颗粒无收，他却可以月入 3 万元？

这个标题通过提出一个对比性的问题，引发读者对文案成功秘诀的好奇。

其次，"为什么"这类的标题，以简洁明了的方式引导读者了解主题。通过选择具有代表性的关键词、短语或描述，标题可以快速传达主题的核心概念，揭示文章的中心内容。例如：

● 为什么金钱并不能带来真正的幸福？

这个标题利用读者普遍关心的问题，直接指向文章探讨的中心议题。

2. 如何

当人们遇到"如何"这类标题时，他们的大脑会本能地期待获得解决方案或行动指南。大多数人都渴望了解解决问题或实现目标的方法，这使得"如何"类标题天生具有激发兴趣和好奇心的力量。例如：

- 如何成功开展一场沙龙活动？
- 不节食、不运动，如何在 10 天瘦 8 斤？
- 如何像赵雅芝一样，优雅地度过一生？

"如何"类标题无处不在。打开你的手机，浏览一下推送的信息，你就会发现到处都是这样的标题，这也恰恰说明了这类标题的普遍性和吸引力。

3. 怎么样

"怎么样"也是一种常见的疑问句式，它能够迅速吸引读者的注意力。例如：

- 怎么样在 5 分钟内提高你的公共演讲能力？
- 曾经被印在希望工程海报上的大眼睛女孩，现在怎么样了？

"怎么样"标题的神奇之处在于它不仅能激发读者的好奇感，还可以通过重新诠释或重新思考已知的事物或话题，来展示独特的观点和观察。

4. 还有谁

"还有谁"是一个非常神奇的疑问句式。

试想一下，当你看到它时，你会想到什么？是不是意味着已经有人成功、得到或者做到某事，而你尚未达到这些成就？所以，你也想要！

来看这个例子：

- 还有谁想快速成为视频号赚钱高手？

这个标题会让你想到已经有人成功地通过视频号赚到了钱。如果你还没有达到这个目标，那么你可能会渴望了解更多。

5. 怎么办

人们在遇到困扰时，常常会思考"怎么办"。在标题中使用"怎么办"能激发读者的好奇心和求知欲，促使他们寻找实用的建议和指导，这往往能增加标题的点击率。

此外，使用"怎么办"能够传达出一种解决问题和应对挑战的积极态度，给读者带来启发和帮助，同时也为作者树立了专家和权威的形象。

"怎么办"是一个容易从读者的痛点出发，与他们产生共鸣的词语。使用"怎么办"作为标题时，一定要对痛点进行准确分析，并在随后的文案中提供解决方案，避免使用这类标题哗众取宠或提出不切实际的问题。

- 负债太多怎么办？别慌，这些方法帮你走出困境。
- 自媒体文章没人看怎么办？给你 6 个写标题的妙招。

通过学习"为什么""如何""怎么样""还有谁"和"怎么办"这五种疑问式标题法，你会发现，写标题并不是那么困难。简单地提出一个问题，就可以引起人们的兴趣和关注。

当然，疑问式的标题种类繁多，以上只是其中一部分。更多技巧，有待你在日后的学习中逐渐总结和运用……

第五节

故事代入：人人都爱窥探故事

故事是人类传递信息、理解世界和建立联系的一种基本叙事方式。人人都喜欢故事，并且天生喜欢窥探别人的故事。将故事元素融入标题创作，可以吸引读者的注意力。

以"裸辞两年，她靠给别人做空间收纳赚了178万元"为例，这样的标题蕴含着一段故事，不但能够轻易吸引读者的注意力，而且能够激发他们的阅读兴趣。如果你仔细观察，就会发现很多阅读量在10万以上的标题都采用了故事代入的策略。

那么，如何在写标题时运用故事元素来提高文章的打开率和阅读量呢？可以从以下两个方面着手练习。

1. 写"我"的故事

写"我"的故事往往能给读者一种真实发生的感觉。

通过第一人称来叙述，读者可以更直接地感受到故事主人公的情感起伏、思想变化和生活经历。这种叙述方式能够有效地引起读者的共鸣，激发他们对故事的持续兴趣和情感投入。来看下面两个例子。

● 对不起，这是我第100次想屏蔽你！

● 15天写出一本书？我做到了！

第一个标题，当你读到这句话时，是否立刻产生了好奇心，想要知道为什么"我"会有屏蔽的念头？你可能会好奇是谁让"我"如此不满，为什么这个人让"我"想屏蔽他100次？或许你还会思考，既然"我"这么讨厌他，为什么"我"还没有真正屏蔽他？

这样一个简短的标题，竟然能激发如此多的情感和思考，足以吸引读者会继续阅读下去。

第二个标题，按照一般认知，写一本书并非易事。然而，"我"竟然在短短15天内完成了一本书！这无疑引发了读者的好奇心，他们会想要知道"我"的秘诀，想要了解"我"是如何做到的。

除了以上两个例子，还有无数关于"我"的标题和浓缩的故事等待你去发掘。无论是通过提出问题还是展示成就，都能够吸引读者的注意力，让他们对"我"的故事产生浓厚的兴趣。

2. 写他人的故事

写他人的故事，一般可以采用两种方法。

第一种方法从反差感入手，通过描述从普通到不普通、从平凡到不平凡的过程来引起读者的兴趣。这种方法可以让读者体会到故事主人公经历的变化和成长，从而产生共鸣和感动。

第二种方法是选择指导性的故事标题，以给读者带来收获感为目的。这种方法通过故事主人公的经历，传递给读者一些实用的知识或者启示，激励他们思考和行动。

● 从默默无闻的后厨小生，到拥有百万粉丝的大V，他到底经历了什么？

这个标题具有极大的反差感，会引发读者的好奇心，让他们渴望了解主人公是如何实现逆袭的。

● 一个小策略，竟然让一个果农每年多赚300万元。

这个标题给人一种即将分享干货的感觉，引发读者的好奇心，让他们忍不住去想：咦，什么高招呢，对我有用吗？

● 儿子被同学欺负，这位妈妈的做法连专家都甘拜下风。

这个标题把想要表达的观点融入故事中，给人一种方法很牛，可以被借鉴的感觉，从而引起读者的好奇去阅读内文。

无论是写"我"的故事，还是写他人的故事，故事代入应用在标题中都是一种非常巧妙的手法。一旦掌握了这个技巧，你就能够创作出无数引人注目的标题……

第六节

和钱有关：谈钱永远都有诱惑力

几乎没有人不爱钱、不关心钱，无论是免费、低价、高价、赚钱还是赔钱，只要和钱有关，人的注意力就会被吸引。

正是因为金钱几乎对每个人都具有天然的诱惑力，所以标题如果能够命中这一点，就一定能吸引读者的眼球。

下面是三个创作标题的好方法：谈免费、谈省钱、谈赚钱。

1. 免费

免费的东西谁不想要？它具有巨大的诱惑力。在营销领域，免费提供产品或服务是一种经典且有效的吸引策略。例如：

- 最新 SPA 项目上线，招募体验官，免费体验！
- 鱼塘快速盈利的秘密，你可以免费获取！

这两个标题都直接提到了免费，在适当的时候，免费是吸引目标客户的王牌神器。免费项目能够立即激发读者的兴趣，使他们进一步探索并采取实际行动。

2. 省钱

无论个人是否偏好节俭，省钱总能激发一种深层的满足感，因为它不仅让人享受到真正的划算，还让人体会到了物有所值的喜悦。

● 用它辟谷，不仅 10 天瘦 8 斤，还省了减肥的钱！

● 买三送一，就在今天！

这两个标题都给人省钱的感觉。第一个标题直接提到"省了减肥的钱"。第二个标题则通过"买三送一"，间接给人一种省钱的感觉，让人觉得很划算。无论是直接还是间接，这两个标题都和省钱有关，均从金钱的角度吸引读者的注意力。

3. 赚钱

除了免费和省钱，在标题中谈赚钱也相当有诱惑力。

在这个世界上，金钱作为一种价值交换的媒介已成为我们日常生活的一部分。如何赚钱是一个人们普遍关心的话题。

人们对于如何通过主业或副业赚钱，以及他人采用的赚钱策略或技巧，都表现出浓厚的兴趣。将这些话题巧妙地融入文章标题，可以有效地吸引读者的注意力，激发他们深入了解内文的欲望。例如：

● 隐藏在你农场里的后端利润。

● 炒股血亏 100 万元之后，我靠当二房东意外赚到深圳一套房！

这两个例子都涉及了赚钱的话题，无论是后端利润还是理财挣钱，本质上都是关于赚钱的讨论，这种讨论很容易抓住人的眼球。

当你掌握了用和钱有关的三种方式来创作标题时，你的文案就会展现出与众不同的魅力，并散发出巨大的诱惑力。

然而，为什么谈论钱能够产生如此强烈的效果呢？这背后是否隐藏着更深层次的人性因素？

现在，我将这个问题留给你：金钱背后究竟隐藏了哪些人性的奥秘？相信你能够通过深入思考找到答案。

希望你在探索"三框理论"第二层境界——"沿框"的过程中能有更深刻的体会。

第七节

借势热点：快速引爆流量

热点元素，如时事新闻、社会热点、娱乐八卦、知名人士的动态以及各种节日，是引发公众广泛兴趣和关注的天然焦点。这些元素在社交媒体、新闻媒体等平台上经常被热烈讨论，并且具有广泛的传播力。

利用这些热点元素进行文案创作和营销活动，是一种低成本且高效的策略。它们能够迅速吸引人们的注意力，提高内容的曝光度和传播效果。因此，借势热点元素是快速引爆流量的绝妙方式。

而借势热点元素的首要步骤体现在标题创作上。想要让标题紧跟热点元素并发挥最大效用，需要注意以下几个方面。

1. 选择角度

面对热点元素，许多自媒体都会纷纷追随。如果你的标题和大多数标题相似的话，很难吸引读者的注意力。读者会觉得这样的标题毫无新意，最终可能不会选择阅读你的内容。如此一来，你就白白浪费了努力。

因此，对于热点元素，与其跟风追逐，不如有自己独特的角度和新颖的立意。只有这样，才能让读者眼前一亮，产生浓厚的兴趣。更重要的是，你的角度必须与你的品牌、产品或者服务相关联，与品牌形象和核心价值观保持一致。

2. 保持客观

在追逐热点过程中，有些人为了吸引眼球会故意使用夸张或者虚假的词句。他们为了迅速获得点击量，抛弃了诚信和真实性。虽然这样的做法可能在短期内能获得点击量，但从长远发展来看，并不可取。

文案创作者一定要保持客观性和专业性，确保标题的准确性和真实性，不能为了吸引眼球而夸大事实或故意炒作。我们要为自己写下的每一个字负责，确保作品具有社会责任感，传递正确的价值观，并积极引导读者，与他们建立良好的关系。

3. 避免禁忌

在借势热点时，需要注意避免触及政治、军事等严肃话题，以及某些禁忌话题。不当的借势可能会引起各大平台对账号的封禁。

文案创作者应该着眼于选择与品牌、产品或者服务相关联的热点元素，避免过度炒作或制造不适当的话题。因为文案的目标是吸引读者的关注和互动，而不是惹上麻烦或给品牌带来负面影响。

以下是借势热点常用的三种创作方法。

（1）**热点元素＋品牌／产品**。

当瑞幸咖啡和茅台联合策划了"酱香拿铁"并引起整个互联网热议时，库迪咖啡巧妙地跟随热点趋势，推出了"米乳拿铁"。这样的借势延续了热点话题，对于库迪咖啡来说，是一个充分抓住热点元素并与自身产品结合的案例。

（2）**热点元素＋自选话题**。

在文案创作中，借势热点元素是吸引公众注意力的高效策略。其背后更深层次的目的是通过借势热点元素，结合自身需求，传递品牌理念和价值观，并实现销售目标。为了有效达到这些目的，创作者在利用热点元素时，需要巧妙地将其与自选话题相结合，选择适合的角度去创作。

在 2023 年，王宝强作为导演拍摄的《八角笼中》取得了不俗的票房成绩，他也一扫金扫帚的烂口碑强势逆袭。一时间，很多自媒体文案满天飞。

如果你是商家，面对这样的流量和热点，就可以巧妙地借势这些热点元素，将它们与你的品牌或产品联系起来，寻找合适的角度。

假如你是做成长教育的，你可以从梦想的角度写：

- 《八角笼中》，普通人逆天改命，梦想的力量坚不可摧。

你也可以从努力奋斗的角度写：

- 《八角笼中》，以奋斗冲破命运的牢笼。

当然，你还可以从王宝强逆袭成功的角度写：

- 《八角笼中》，王宝强 6 年磨一剑，真诚是唯一的套路。

（3）热点元素＋引申意境。

很多文案在借势热点时，并不直接提及品牌名称，而是通过巧妙地运用引申意境，结合精心制作的图片，使标题更加直观明了。这种策略不仅能够立即吸引读者的注意力，还能让读者在阅读完标题后仍然留有意犹未尽的感觉。

杜蕾斯可以说是借势热点的高手。它经常运用许多大众喜闻乐见的热点元素来创作文案。这些文案十分有趣，不仅有效地吸引了流量，还巧妙地传播了品牌。例如：

- 栖息一整夜（七夕节文案）；
- 打开我的密码，只有你知道（福尔摩斯诞辰文案）；
- 有我没门（2020 年欧洲杯文案）。

所有的标题都是为了抓住读者的注意力，激发读者的兴趣，并引导他们阅读内文。很多时候，一个标题往往会同时运用多种技巧。

如果你掌握了有效标题的吸引力法则——RS 法则，并能够熟练运用本章介绍的六种创作标题的技巧，你就能轻松创作出出色的有效标题了。

然而，通过标题吸引读者打开内文还不够，你还需要填充更多的内容来吸引读者继续阅读……

第四章

开头文案

三个方法，黏住用户的注意力

通过标题引起读者的好奇心，让他们打开你的文案，只是完成了第一步。接下来，你必须牢牢黏住他们的注意力，才能有效推进你的文案，实现你的最终目的。

本章探讨了三种文案开头的方法，每一种都能直击人心，牢牢黏住读者的注意力，让他们追着读下去。

第一节

CSR 原则：贯穿全局的起效标准

开头是一篇文案中非常重要的部分，因为开头决定了读者的去留。如果不能在开头延续读者的注意力，后面的内容再好也是无济于事。

从现在开始，我们正式进入文案内容部分。要想写好一篇文案，首先需要明确什么样的文案才是好文案。只有全面了解好文案的标准，我们才能有针对性地下笔，从而直达目的，打动读者。

好文案应该符合 CSR 原则，即口语化（conversational）、滑梯式（sliding）、引起共鸣（resonant）。

1. 口语化

口语化，又称聊天式，其核心在于"说人话，说大白话"，即用最通俗易懂的语言来表达。文案内容应该确保无论是老人还是小孩都能听得明白。

文案创作不是写小说，不需要华丽的辞藻和复杂的语句，而是要保持简单明了，让读者阅读起来没有任何障碍。

文案的最终目的是实现销售。因此，写文案不要太过于一本正经，而是要采用亲和的口吻和语气，使人感到轻松和亲切。

以某款卫生巾的文案为例，其宣传语"轻柔舒适，健康呵护"乍听之下，似乎给人一种高大上的感觉。然而，好的文案不应只停留在表面的感知。如果文案不能激发用户的购买欲望，它就未能充分发挥作用。

为什么这么说呢？因为这样的文案虽然听起来高大上，但是用户听完之后不会下单购买产品。

文案是什么？文案是以销售为目的，与顾客进行文字沟通的一种形式。我们应该用简单的大白话去沟通，让人一听就懂。只有让人明白了，才能继续吸引他们的兴趣并激发他们的购买欲望。

上面说到的卫生巾文案就不够口语化。如果让你把它推荐给身边的朋友，你可能会说："真好用，整晚都不用担心侧漏，想怎么翻身就怎么翻身！"这样的说法才是"说人话"。

"说人话"的文案可让人如饮清泉甘露，一口气读完还意犹未尽。相反，"不说人话"的文案，让人读起来味同嚼蜡，往往第一段还没读完就心生厌倦。

总之，开头决定整篇文章的基调，而口语化是写好文案的首要原则。其创作秘诀在于将目标人群想象成坐在对面的一个特定的人，用朋友之间聊天的方式来表达文案信息。

2. 滑梯式

文案大师约瑟夫·休格曼说过："文案第一句话的唯一目的就是让读者去读第二句话，而第二句话的唯一目的就是让读者去读第三句话，然后是第四句话……"

这种理念是将文案视作为顾客营造的购物环境。文案创作者在创造销售环境时所做的一切都是为了卖出产品。

因此，文案需要在一开始就让读者感到认同和舒适，从而激发他们继续阅读的兴趣。也就是说，文案应该具备"滑梯效应"，能够持续吸引并保持读者的注意力。

接下来，让我们一起分析下面这篇文案的开篇。

如何学会穿搭，仅用一个周末就摇身一变成为时尚达人？

怎样能让你的朋友、你的伴侣，更重要的是让你自己惊艳不已？怎样在短短一个周末就学会搭配出属于自己的时尚造型，即使你之前对穿搭一窍不通，对时尚感到迷茫？

很少有人知道，成为一位时尚达人其实并不是那么困难，而且仅需要一个周末，就可以快速提升穿搭能力！

参加这个课程之后，你会兴奋地发现时尚世界听命于你！掌握穿搭的技巧和原则后，你将从容自信地搭配出属于自己的时尚造型，展现出惊人的风采。你的朋友和家人将对你的搭配灵感留下深刻印象，无论是日常穿搭还是特殊场合的造型，你都将成为亮眼的焦点。

这篇文案的标题使用了"如何"疑问句形式，可以引发目标用户的注意。接下来，文案开头通过一系列问题，直击目标用户的核心需求，进一步激发他们的兴趣。紧接着，文案的第二段通过强调只需要一个周末就能成为穿搭达人，进一步激发读者的兴趣和好奇心。随后，文案描述了参加课程的好处，持续吸引读者的注意力。整个文案的连贯性使得读者能够更好地理解并保持阅读。

总之，文案需要具有"滑梯效应"，确保读者从开头到结尾都能顺畅地阅读下去，并在阅读过程中不断产生兴趣和愉悦感。

通过流畅连贯的结构、层次分明的内容、吸引人的开头、丰富多样的信息和引发共鸣的情感表达，文案可以实现"滑梯效应"，提升读者的阅读体验和参与度，进而有助于实现最后的销售目标。

3. 引起共鸣

有一位盲人在路边等待施舍，他身旁立着的牌子上写着："我是盲人，请帮助我！"然而，大多数路人匆匆忙忙从他身边走过，很少有人停下来关注。

一位女士从他身边走过，突然停了下来，蹲下身子，把那个牌子翻过来重新写了一句话。这句话引起了许多人的注意，他们纷纷打开钱包，慷慨解囊。有些人甚至特意停下来翻口袋找零钱……

那位女士到底写了什么呢？

"多么美好的一天，我却看不见！"

在这段小故事中，"我是盲人，请帮助我"是从自我的角度表达，但路人的反应很平淡。而"多么美好的一天，我却看不见"，这句简短而真挚的话，在人们心中引起了强烈的共鸣。这些文字唤起了人们内心深处的同理心和怜悯之情，让他们纷纷慷慨解囊，愿意伸出援手帮助那位盲人。

由此可见，好的文案应该能够触动人们内心深处的某种情感，引发共鸣，而不仅仅是自我陶醉。

然而，自我陶醉是很多人在写文章时特别容易犯的错误。这类人总觉得自己的想法很好、产品很好、故事很好，不管读者是否喜欢，他们总是一股脑地将所有内容都倾泻出来，写上一大段。不过，可惜的是，大部分读者可能只是匆匆扫过，根本不会用心去阅读。

实际上，在营销的世界里，只有打破自我陶醉，才能和客户产生共鸣。那么，如何打破自我陶醉呢？

秘诀就是培养"用户思维"。你必须"消除自我"，学会从用户的角度出发，站在用户的角度去思考问题。

首先，你需要想客户所想，知客户所需，时刻关注客户的需求和欲望，了解他们的痛点和问题所在。

其次，你需要走出自我吹嘘和自我陶醉的状态。不要总是宣传你的产品或服务有多好，而是应该强调用户价值感。你必须让你的文字与用户的利益相关联，展示你的产品或服务能给他们带来什么样的价值和好处，以此来吸引用户的兴趣和关注。

最后，你还需要用简洁明了的语言与用户沟通，避免使用过于专业化的术语。例如，在推广手机时，不要用过于华丽的语言宣称"魅力无限"，而是应该用简单直接的文案突出手机的特点，如"充电5分钟，通话2小时""前后摄像头超清晰，照亮你的美"或"手机智能全方位，儿女孝心零距离"等。这样的文案更能引起客户的共鸣，让他们感受到你的产品与他们的需求紧密相连。

请你记住，只有"消除自我"，才能抵达客户的世界。只有抵达客户的世界，你才能与他们产生共鸣，并最终达到传达信息、推动行动的目的。

总之，好的文案应该是口语化、滑梯式、能够引起共鸣的文案。它不需要过于华丽的句子，但是需要有情感、事实、逻辑、卖点、情绪、趣味和独特视角。

在文案创作中，遵循 CSR 原则是确保文案有效的关键。这个原则贯穿全局，是衡量好文案的标准。如果你能够在文案创作中坚持遵循 CSR 原则，那么你的文案写作效率和水平将会显著提升。

接下来，让我们一起来学习如何开启一篇文案……

第二节

用痛点开头：直接戳中用户的软肋

你是否常常遇到这样的问题：在写文案时，总是不知道该如何下笔，尤其是开头一段或第一句话让你头疼不已？你思来想去，费尽心思，却始终找不到一个合适的切入点？每写一两句又感到不满意，随即删除重写，陷入无尽的循环中……最终只能苦笑着说："我太难了！"

如果你的回答是："是的"，那么毫无疑问，你正面临着"开头恐惧症"的困扰。

此时此刻，当你读到上面这些文字时，你会有什么样的感觉？是不是说到了你的痛点？

○ 什么是痛点？

痛点是指顾客或用户在日常生活或工作中遇到的困扰、问题或痛苦。痛点是促使他们购买产品或服务的动力。

简而言之，痛点就是用户的软肋，是现实和理想之间的差距。它是一种真实存在的痛苦结果。比如说，身材肥胖、皮肤糟糕、效率低下、成本高昂、需求满足不足，等等。

○ 为什么要找出痛点？

无论一个人多么成功，他在生活中也不是万能的，都有自己难以解决的问题。例如，即使腰缠万贯的大富豪，也可能处理不好与孩子的关系，亲子关系的挑战可能就是他的痛点。正是这些痛点，为我们营销人提供了机会。

无论我们销售的是实物产品还是服务，本质上都是为了满足顾客的某种需求，解决他们的某些问题。如果顾客没有这方面的需求，他们就不会产生购买产品的欲望，我们也难以实现销售目标。

因此，找到顾客的痛点至关重要。只有当营销起点是帮助他人解决问题和实现梦想时，文案才能发挥其影响力。

○ 关于痛点的常见问题

很多文案创作者在寻找痛点时，可能会遇到以下几个常见问题。

（1）**找不到真痛点。**以某房地产售楼处的广告"推开窗，就能看见未来"为例，虽然这样的文案有一定的意境，却并没有挖掘出顾客的真正痛点，因而可能无法有效地激发顾客的购买欲望。

（2）**找到痛点了，但是和产品关联不大。**以"想要改善家庭关系吗？试试这个新款电视机"为例，虽然文案明确找到了目标受众可能面临的痛点，即家庭关系问题，但在展示新款电视机如何帮助改善家庭关系方面，文案的说服力不足，可能无法提高转化率。

（3）**提及痛点，但是无法让用户产生解决痛点的想法。**以"不想你的身材越来越胖，赶快用××产品"为例，虽然这个文案提及了一个痛点，即身材变胖的问题，但该文案的表达让人根本感觉不到痛，所以无法激发用户解决痛点或者购买产品的欲望。

○ 如何有效地戳中痛点？

成为一名文案高手，需要深入理解痛点，并通过文字精准地击中读者的痛点。实现从"理解"到"应用"的转变，是一个持续探索和实践的过程。例如，"你是不是体重严重超标？"这句话通过提问引出了一个痛点，但可能不足以让读者感受到紧迫性。但是如果将文案改成"当你满怀期待地走进试衣间，导购员却无奈地告诉你，店里没有适合你的大码女装。那一刻，空气中充满了尴尬。"这样就可以让痛点更痛，从而刺激用户渴望改变现状。

1. 场景化引出痛点

场景化是将顾客置于特定的场景中，通过描绘可能发生的各种情况，激发出恐惧或焦虑感。例如，销售儿童鼻炎膏的文案可以描绘儿童鼻炎患者所经历的痛苦场景。

又到了秋季花粉过敏期，孩子一早醒来就开始喷嚏不断，鼻涕就像没关紧的水龙头，汩汩而出。卫生纸用了一卷又一卷，却无济于事。孩子的鼻子却越来越红，甚至出现了脱皮的现象……

这篇文案开篇就直接从场景出发引出痛点，通过描述孩子遭受鼻炎之苦的场景，营造出强烈的画面感，从而激发读者的情感共鸣。

所有的文案本质上都是一种沟通形式，旨在解决用户的问题。我们可以借鉴芭芭拉·明托在《金字塔原理》中提出的 SCQA 结构，来引出问题和解决问题。

SCQA 是一种结构化思考方法，也是一种文案创作的框架。

情境（situation）

构建一个稳定的情境，让人产生代入感，引导用户阅读。

冲突（complication）

扰乱稳定的状态，让用户认识到欲望和需求与现实有冲突。

问题（question）

通过提问转折，让用户思考该怎么办。

答案（answer）

最后引出答案，解决用户的问题。

上面的鼻炎膏文案用场景化手法引出痛点，造成情感上的冲突。在此基础上，后续文案可以顺势提出问题，进而自然地引入产品，作为解决这一问题的方案。

2. 用比喻强化痛点

比喻手法可以强化痛点，让读者更直观地感受到问题的存在。

例如，肥胖已经成为我们生活中普遍存在的健康问题，人们对此可能已经习经为常。假如你需要销售减肥产品，如果你只是简单地陈述你的产品有多好，文案只会变成自嗨的广告。然而，当你运用比喻来形容肥胖时，就能够让读者直观地感受到问题的严重性。例如：

- 你腰上的赘肉，像套了两个游泳圈，沉重而显眼。每次走到镜子前，那水桶一样粗壮的腰线让你感到无比厌烦和沮丧⋯⋯

这样的比喻就能够触动那些渴望减肥人士的内心。

3. 对比法突出痛点

第三种方法是用对比来突出痛点，戳中用户的软肋，引发他们的反应。这种方法能够有效吸引用户深入阅读文章，直至他们发现并了解解决问题的方案。例如：

昨天晚上，一个朋友和我聊天，他说自家孩子马上 5 岁了，连 26 个字母都不认识，而别人家的孩子，从小就会看英文绘本。

他越想越着急，自己英语能力差，也不会引导孩子。一想到自己的孩子比别人落后那么多，就觉得对不起孩子，想给孩子找个合适的线下英语口语机构，却不知道到底该选哪个。

这个例子通过比较自家孩子与别人家的孩子在英语学习上的差距，突出了痛点。这种对比能够引导读者将自己置身于相似的情境，思考自己是否也有类似的问题，进而激发他们寻找解决方案的欲望。

再来看这个例子：

你和闺蜜一起参加聚会，她以一曲舞蹈吸引了众多目光，而你，低头看了看自己臃肿肥胖的身材，只敢一个人偷偷地在角落里发呆……

这种对比生动地展现了个体与他人之间的差异，激发了读者的共鸣，使他们更容易沉浸在故事情境中。这种情感体验能够触动读者的内心，激发他们对改善自身境遇的深刻思考。

这三种击中痛点的办法都非常好用，建议你多实践，马上根据自己手中的产品构思几篇文案吧……

第三节

用纠错开头：即刻让用户入局

纠错是文案创作中一种高效的开篇技巧，它通过在文章开头直接指出读者可能存在的误区或不当行为，迅速吸引其注意力。这种方法激发读者进行自我审视，促使他们思考自己是否也存在同样的问题。随后，文章通过深入的专业分析，揭示问题根源，并提供正确的解决方案。这样，就为推出产品或服务打下了坚实的基础。

纠错开头法能够即刻让用户入局，让他们认识到自己可能存在的问题。这种方法引导用户沿着文案所指的方向深入理解并感受文中所提供的解决方案。具体来说，它有两个好处。

1. 诱发好奇

当你说别人错了，对方一定会去想我怎么错了，这就诱发了对方的好奇心，使其忍不住想要找到答案。他的注意力会被你一直牵引，直到看到后面的答案……

2. 引导下文

纠错不仅是一种引入话题的有效手段，而且它还能在文案的后续部分自然地引出原因和解决方案，为展示产品铺平道路。纠错作为文案的开篇，是吸引读者的起点，而抛出产品和引导客户购买才是文案的终极目标。

使用纠错法开头，可以遵循三个连贯的步骤，即提出错误、指出后果、给出原因。

例如，吹风机文案：

很多人以为吹个头发，用啥吹风机不行？反正三五分钟就吹干了，尤其是，很多人还特别喜欢用高温快速吹干头发。（提出错误）

其实你不知道的是，普通的吹风机吹送的高温风会损伤你的毛囊，严重的还会烫死毛囊。（指出后果）

为什么会这样呢？

说到底，还是普通吹风机里面没有恒温控制系统，长时间高温的吹风会让热量聚积，可能会导致局部头发缺失水分，进而对头发造成损伤，使头发变得脆弱，出现头发干枯、发黄及变粗糙等症状，严重的时候还会烫伤或者烫死毛囊。（给出原因）

老年减肥营文案：

对于老年人来说，减重可绝对不是依靠节食和运动就能实现的。可是现实情况却是，很多老年人为了省钱，学着年轻人的方式，不停地节食和运动。（提出错误）

老年人节食可能引发一系列健康问题，同样，不当的运动也可能引起多种风险和问题。这样的错误行为甚至可能给老年人带来意想不到的灾难。（指出后果）

为什么这么说呢？

老年人节食，轻者造成营养不良，重者对于本身就有一些慢性病的老年人来说，会诱发多种疾病，造成低血糖、胆结石等多种疾病加重；另外，由于老年人骨质密度比较低，不当的运动容易造成损伤。（给出原因）

看到这里，你已经掌握了文案创作的一个基本技巧——纠错开头法，它将为你的文案打下坚实的基础。

直接给人纠错就能开启一篇文案，听起来非常简单！但纠错之后，你可能会好奇：接下来该怎么办呢？

别担心！继续往下翻，你将发现一系列精心准备的惊喜，它们将逐步为你揭开那些让人意想不到的答案。

第四节

用金句开头：
给人触动心灵的高级感

金句是被广泛认同、朗朗上口、言简意赅、语言优美、富有感染力的句子。金句能够以简明扼要的方式给人带来触动心灵的高级感。

在文案的世界里，金句犹如醒目的耳语，能够穿越嘈杂的信息洪流，直击人心。用金句开头有三个显著的好处。

1.引发共鸣

金句以简练有力的方式传递深刻的情感和思想。它们能够化解语言的枯燥和冷漠，拉近与读者的距离，为其带来温暖和共鸣。

2.提升立意

金句承载着深入人心的哲理和智慧，运用金句能够给文案赋予更深层次的意义，使读者在阅读过程中得到思考和感悟的空间，从而留下深刻的印象。金句的运用能够提升文章的立意，使其显得更有内涵和高级感。

3.提升说服力

有很多金句出自伟人之口，被大家广泛认可。有的金句甚至流传了千年之久，能对人们的潜意识产生深远的影响。在文章中引用金句可以有效提升

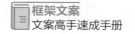
整体的说服力。

总之，金句具有朗朗上口、丝滑流畅、易于引起共鸣的特点。用金句开头是一种很好的文案创作方法。

我曾经在个人公众号上发布过一些文章，在开头部分常常用金句抓住读者的注意力，比如《FOCUS ON SPA》。

念念不忘，必有回响！

选择SPA这个领域创业，不得不说起我和SPA第一次亲密接触的故事。

我从未想到，我人生第一次做的SPA竟然是无数店家永远达不到的天花板。不知道是不是我太幸运了，感受过最好的，以至于它在我心中念念不忘。

2011年，那时候的我，还是一个精力比较充沛的女孩子，喜欢到处体验新鲜的事情。有一天我在王府井新东安市场逛街，有点累了，刚好大厦里有个SPA馆，我就过去了。

进门一看，我立刻被这里的风格迷倒了。店里的装修特别有格调，房间不大不小，舒适温馨。前台非常热情地招待我，刚好店里有空位，她很快给我安排了技师服务。

技师是一名22岁的小姑娘……

这是我创立SPA馆初期传递个人价值观的一篇文章。我使用了金句"念念不忘，必有回响"作为开篇。通过这句话，引出了我和SPA第一次亲密接触的故事。

后来，SPA馆刚刚开业不久就遇到了疫情。在"FEEL THIS MOMENT"这篇文章中，我引用了丰子恺先生的金句作为开头："人间的事，只要生机不灭，即使重遭天灾人祸，暂被阻抑，终有抬头的日子。"这句话在特殊时期引起了人们的强烈共鸣，激发他们去阅读接下来的文字。

总之，金句是思想的火花，能够点燃读者内心的激情；金句如箭，可以瞬间触动读者的心弦，带来思考的涟漪；金句如蜜糖般甜美，能够让读者回味无穷……

那么，如何才能找到具有高级感的金句呢？

首先，需要平时多积累。积累好的句子和素材是文案创作者平时必不可少的工作之一。可以关注一些文案素材网站，阅读优秀的广告语、名言警句或名人的演讲词等，从中汲取灵感和启示。

其次，个人原创也非常重要。通过对金句句式的了解和把握，文案创作者可以尝试创造金句。比如，运用押韵句式、对称句式或其他精细的句式来构思。

最后，可以借助互联网工具或者 AI 助手。现在，文案创作者可以借助的工具越来越多了。我常常使用清华大学研发的"据意查句"来构思金句。

除了上面提到的几种文案开头的方法，还有许多其他的勾魂开头法。例如，用悬念、结果、故事等方式开头。希望你未来能掌握更多的开头方法。接下来，让我们进入精彩的结构框架篇章……

第五章

结构框架

六种框架，让你快速收心收钱

———————————— • ————————————

　　本章总结了六种典型的结构框架，无论是传递个人价值观的文案，还是卖货文案，都可以找到适用的框架。

　　当你学会运用这些框架，你就掌握了构思文案的核心技巧，你的文案将会大放异彩！

第一节

焦点立骨：
让主题像鱼骨一样明朗

焦点立骨（图5.1）法，又称鱼骨法，是一种构思文章结构的方法，它以一个词语或一句话作为焦点，贯穿整篇文章。这个焦点无疑是整篇文章的关键词或关键句子，奠定了文章的主线，使主旨清晰鲜明。

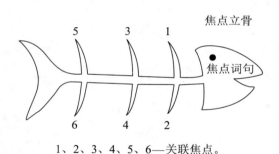

1、2、3、4、5、6—关联焦点。

图　5.1

你一定遇到过这样的文章：它就像一盘散沙，缺乏明确的结构和核心思想；文字纷繁杂乱，各种元素被随意堆砌在一起，缺乏美感和流畅性。

运用焦点立骨法，可以把零散的材料组织成一个整体，把纷繁复杂的内容聚焦到焦点上，从而使文章线索明晰、结构缜密、主旨凝聚。

立骨的方式有两种：一种是以一个词语为焦点；另一种是以一句话为焦点。这两种方式都能够贯穿全文，为文章提供明确的中心思想。

经过长期的写作积累，我总结出焦点立骨法适用于撰写传递价值观的文章或者访谈类文章。在这些类型的文章中，焦点立骨法能够有效地体现核心价值观，并为读者带来真实而深入的内容。

我之所以将焦点立骨法放在结构框架的首位，是为了重申我的观点：文案创作不仅仅是撰写卖货文案，它更是一种与顾客沟通的艺术，能够让我们的声音在这个时代被听见。在个人品牌时代，人人都是自明星，都能够通过文案传递自己的价值观和人生观。从我的创业经历来看，我深刻感受到传递价值观的文章比纯粹的卖货文案更具有威力。

创业初期，在门店装修过程中，我写过一篇名为"搬砖，一种落地的生活"的文章，通过描写搬砖并点题"落地"这个焦点，将其引申至我从任性、不谙世事，到开始踏踏实实做实事，并最终进入按摩领域学习的成长故事。尽管整篇文章的材料看似散乱，但主旨却非常凝聚。这篇文章的阅读量非常高，可以算作收心之作。

曾经，

那些追星星的人，

他们总是义无反顾地追逐着群星，

哪怕天空再怎么遥不可及，

哪怕这个愿望再怎么天马行空。

壹 | 搬砖

最近装修，有个年轻的小伙子，每天来给我们场地送砖。

我观察他好几天，发现他干活不紧不慢，码的砖整整齐齐，每次都是在刚刚好的时间里完活。

通过聊天得知，他每天大清早去厂子里装货，然后开车送到现场，再开始卸货。卸货之后，用一辆小推车开始一点点运货、摆货，直到完工后，他把路过之地打扫得干干净净才离开。

全程都是一个人。

这个小伙子干起活来行云流水，泰然自若，不急不躁，一切都刚刚好。

之前，我从未对搬砖这件小事儿产生过任何思考。最近天天见这个小伙子，我脑子里突然在想，他除了搬砖，还做啥呢？小伙子眉眼之间透着阳光帅气，长期劳动让他看起来很结实，可是他肤色一点也不黑，反而很白，衬得整个人很精神。

有时我在想，也许他不搬砖的时候，在家是个好爸爸吧，温柔带孩子，抑或对家里修修补补，替老婆分担家务……

最开始我觉得，小伙子可能小时候学习不好，找不到好工作才去搬砖的。过了两天，我又觉得也可能他在本地生活得还算可以，职业没有贵贱之分，只有分工不同。搬砖只是他的一种落地的生活方式罢了。人家干一样，就干好它，一样可以生活得滋润。

贰 | 改变

最近几年，不知道怎么了，我对很多事情的看法都在逐渐改变。

对于很多人来说，尽管在旁人看来他们过得很苦，其实他们有着别人品尝不到的快乐；同样，对于很多人来说，尽管旁人觉得他们过得很光鲜，其实他们有着别人看不见的心酸……

很多职业，你觉得它既不高大上，也不好玩，其实它只是一个职业罢了，而做这个职业的人也可能真的过得很快乐，比如，搬砖的小哥也许就比这商铺子里的大部分老板快乐。

叁 | 职业、财富、快乐

我是一家店的会员，在店里认识一个年龄偏大的、干杂活的店员阿姨。阿姨长得很精神，一双眼睛大而有神，可是我对她却毫无好感，总觉得她太聒噪。

每次去我这家店都不愿意理她。心想，你干好自己的活就行了，天天叨叨叨真烦人！

有一天，路过那家店，我刚好遇见这位阿姨在门口打扫卫生。快下班了，阿姨认出我了，我也上前打招呼。

阿姨问我住哪里，我说了小区名字，阿姨一听兴奋地说，"真巧啊，我马上要搬家了，就在你家对面的小区。我买的××小区，装修好了，下个月就搬进去。"

这让我有点震惊，因为这个小区是我所在地区最贵的一个楼盘。我脑子里迅速盘算了这个小区的面积和房价，突然发现干杂活的阿姨不简单，只靠干杂活，几十年也买不到这样的房子。

由此可见，也许每天的工作对她来说，就是比钱还快乐的东西罢了！怪不得她每天那么热情，那么开心……

肆 | 不落地？

大概十多年前，我在一家单位上班。公司要拓展一块新业务，那时候互联网业务发展的势头很猛，老板说想做百度搜索排名，也就是SEO，即搜索引擎优化，可是单位大部分是文科出身的同事，没人懂，没人会。

我预感这是个很好的学习和晋升机会，于是主动提出负责这块业务。从做网站开始，提需求、编网页，全部由我一个人对接乙方。为此，公司给我批了8000元的培训费，让我参加一个SEO高级实战班学习。

进到班里，老师首先介绍自己。我一听，居然和我同岁，什么？高中没毕业，没上过大学？居然是网吧里当网管出身的泥腿子！天啊，当时我就郁闷了，心想这能有啥水平？拿着初中毕业证，居然跑到帝都当高级老师，怎么好意思呢？

老师让大家做自我介绍。因为我坐在第一排，所以第一个站起来介绍自己。我说我们公司新业务是××培训，这是一块小众领域的业务，我来学习的目的是把公司网站做到百度自然排名前三页，目前新网站才刚刚被百度收录，谈不上排名。

老师听完说，"好的，你坐下吧，一周之内，我保证你排名第一，而且是你自己操作！"

哼，吹牛吧！我当时就觉得这老师不靠谱，简直不想继续学了，可是想到那高昂的学费，比我一个月工资还高，再想想老板的期待，还是坚持一下吧！

班里一共二十个学生，后面的同学开始一一介绍自己。

一个同学说，他是做亚克力的。我听听，不知道啥是亚克力。

一个同学说，他是在国贸附近做服装租赁的。我听听，觉得这业务离我的生活很遥远，我也是第一次知道居然还有这样的业务。

一个同学说，他是PHP亦即计算机编程语言讲师，在一家大型培训机构做老师，平常只负责讲开发网页的课程，这次过来深入学习下SEO。

一个同学说，她是卖减肥茶的。我听听，身材苗条的我根本用不到。

一个同学，站起来居然不会说普通话，很费劲我才听完，他是做彩钢房的。可是彩钢房是个啥我根本不知道呀，因为我人生的字典里从未出现过这个词语，这是我第一次"遭遇"这个词。

一个同学说，他是卖展架的。我心想就是超市的货架吧。

……

二十个同学介绍完自己，我心凉了一半儿，完全没有共同语言呀。他们做的业务，我几乎都没听说过，根本不知道他们具体是干什么的，而且全班只有两个人是在高大亮丽的写字楼里上班的，其他都是做买卖。全班只有我一个人是拿着公司的钱来学习的，他们全部是自费。

就这样，懵懵懂懂，我坚持学习了一周，按照老师要求的办法操作了几次。神奇的事情发生了，我公司××培训业务冲到了百度排名第一。

一直到我从这家公司离职，这个项目的搜索排名几乎稳定在百度前三名，从未掉出过第一页。

我不得不佩服这高中没毕业的，网吧里出身的老师。人家是真的有水平，二十岁出头就已经在网易公司操刀几十亿金融项目，教我们只是小儿科。人家财富自由很多年了……

很快一个月的学习结束了，我完成了任务，同学们也各自回归。那时候还没有微信，我们也都没有再联系了，我也没想过他们做的业务会和我有啥相关的。

现在想想，那时候的我，还过得天马行空般任性，除了上班，过着伪小资的生活，逛街，买衣服，看电影，聚会玩游戏……

随着时间的推移，惊人的事情发生了，当年班里同学做的那些买卖，渐渐地和我的生活全部关联起来了……

伍 | 开始落地

两年以后，我做妈妈了，辞职在家带娃。由于孩子出生在冬天，北方实在太冷了，小宝宝除了打防疫针几乎无法出门。

孩子百天的时候，怕他冷不敢带他去拍百天照，我就在网上搜索了一下看看怎么拍照，结果发现很多人冬天给孩子租衣服在家拍，这个业务叫摄影服装租赁。

这是我从那个班级毕业后，第一次想到了当时同学们说的服装租赁的业务，只是那个同学做的是舞台服装租赁业务。

后来，孩子会走路了。怕孩子磕碰，我想着给家里的桌子椅子墙角都贴上护角条，我一搜索，有的写的亚克力材质，我想起了班里那个开亚克力工厂的同学。闲来没事，我根据记忆中他公司的名字检索了一下信息，我发现这个老板从工厂走向电商，他的淘宝网店各种亚克力产品已经做到了行业前三名。是全国，全网，全行业前三名，太厉害了！

后来我自己也想开个网店，真的需要用到货架了，我想起了班里那个卖展架的同学，他有自己的独立网站，我进去认认真真一看，天啊，他的业务太广泛了，很多世界知名500强企业都是他的长期客户，展架可不只是货架，他那里什么架子都有。他的京龙商城，1993年成立，字号比京东还要早5年，比京东商城早10年，目前全国已有600家代理……

再后来，我一下子胖了 20 斤，天天被身材困扰。没事的时候，我就开始搜索减肥信息，这时候萦绕我脑海的就是班里那个卖减肥茶的小姑娘当年积极学习的样子。

后来的岁月里，我也认识了彩钢房，这个和民生真正息息相关的东西……

不知道是我年龄增长了，还是见识增长了，或是说我落地了，我终于不再是那个穿行在高档写字楼的，过着天马行空般生活的小女孩了，我理解了生活，我认识了很多我不知道的东西。

也许，我开始过得接地气儿了吧！

这样挺好的，生活遮住了一些光芒，岁月带给我一些成长，我也终于成为一个真正开始寻找自我的人。

有的人不相信一个曾经的小白领会花几年时间学习按摩手法，可是我却非常认真地进入了这个领域，而且我还自得其乐。

是的，我落地了，和搬砖的一样。现在，我每一天都过得既充实又快乐……

这篇文章并没有过多描述我创业或努力学习按摩手法的经历。但通过细致描绘一位认真负责的搬砖小伙，文章将焦点集中在了"落地"这个关键词上。最终，文章以"我落地了"这一现实中的事实作为落脚点。

文章的中间部分主要回顾了我过去那些"不落地""天马行空"的日子，然后逐渐过渡到我思想上的成熟和成长，最终阐明了我如何从一个普通的小白领转变为一个愿意花费数年时间学习按摩手法的人。虽然这一转变只是被简单提及，但文章的主题始终围绕"落地"这一核心。

整体而言，文章看似松散，实则井然有序，引人入胜。通过"落地"这一关键词的串联，文章不仅回顾了过去，描述了现在，还展示了我近几年的思考和目前的选择。这些内容或许能够激发读者对财富、事业和快乐有新的认识和思考。

后来，我在一些访谈类的文章中也用到了焦点立骨法。

在采访一位心理咨询师时，我惊讶地发现她曾经是一个极度自卑的人，这种自卑将她推入生活的谷底。然而，她在自卑的深渊中觉醒，蜕变成了一个阳光自信的人。她成功考取了心理咨询师资格，并致力于帮助他人走出困境、找回自我。我抓住了"自卑"这个关键词，采用焦点立骨法，将种种片段与问题融合在一起，写出了一篇精彩的文章。

在采访一位企业家朋友期间，她的一句话"平衡是我对人生最大的追求"给我留下了深刻印象。我以这句话为"骨"，从她的人生观、价值观、家庭生活和事业各个方面展开，深入探讨这一思想。最终这个简单的采访为她吸引了一批忠实的粉丝。

总之，文案一定要有框架，哪怕是一个词语或者一句话，也可以被称为"骨"。这个"骨"具有巨大的力量，足以给文案带来震撼人心的效果。

接下来，继续为你介绍几种不同的框架文案创作方法……

第二节

三步结构：
构建既完整又稳固的框架

简单来说，"三步结构"就是由开头、中间和结尾三部分构成的结构。

人们常说，"三"是一个神奇的数字。"一"代表"绝对"，"二"代表"比较"，"三"代表"累积力量的混合体"。[①]

老子在《道德经》中说："道生一，一生二，二生三，三生万物。"这句话中的"三"给人一种神奇的感觉，似乎蕴藏着某种根深蒂固的力量。正是基于这个道理，我将文案中开头、中间和结尾的结构称为"三步结构"（图5.2）。虽然这个结构看似简单，但它实际上既完整又稳固，是一种有效组织信息的方式。

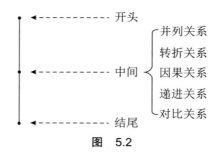

图 5.2

为什么这么说呢？

---

① 安东尼·塔斯加尔.故事力思维.北京：中国友谊出版公司，2019.

你想想看，任何故事和剧本都遵循着相似的结构：开头、中间和结尾。这种结构甚至可以追溯到人类围着篝火讲故事或在石壁上创作洞穴壁画的远古时期。那时候一个典型的狩猎故事可能这样展开：寻找猎物（开头）、与猎物对抗（中间）、最终打败猎物（结尾）。

开头是综述，提出问题、引出话题、讲述背景、概括事件等。

中间是论述，论述要点、讲述发生了什么具体的事件等。

结尾是总结，呼应开头，对观点、话题、事件等进行归纳总结或者升华。

在文案创作中，"三步结构"非常常见，它在不同类型的文案创作中又有不同的表现形式。比如，在朋友圈文案中，可以把它引申为：标题、内容和结尾。

我基本遵循了这一结构来创作文案。例如：

向植物寻求答案，我做对了！（标题）

昨天一整天，大家都在朋友圈发立秋（立秋的奶茶、立秋的秋高气爽）。往年，这一天都是我痛苦的开始，因为立秋就意味着秋季花粉的盛行期，也就意味着我的严重过敏期开始了……

而今年，我终于不再惧怕了，我也可以去享受这秋高气爽的迷人天气了（十年来，我第一次如此舒坦地度过了立秋这一天），不得不说，这一切都是精油给我带来的改变……（内容）

所以，向植物寻求答案是我对生命最完美的一次探索！（结尾）

这篇文案简洁而深刻，从标题开始就直击主题，中间内容通过具体现象阐释了"我做对了"的原因。结尾部分则进行了情感升华，提出"向植物寻求答案是我对生命最完美的一次探索"。

尽管全文仅有百余字，但文案巧妙地运用了双关语。"向植物寻求答案是我对生命最完美的一次探索"，这句话一方面表达了使用精油给我带来的改变，让我摆脱了过敏的痛苦；另一方面它也隐喻了我创办"问植"这个精油品牌的寓意正是向植物寻求答案，这同样是对生命意义的一次美好追寻。

整篇文案没有直接以卖货思维来传递信息，甚至全文都没有直接提及品牌名称。然而，通过这样的简洁框架，寥寥数语便勾勒出了品牌的深层内涵。

再来看一篇描写 SPA 馆店内日常的文案。

这样的婆媳关系，你羡慕了吗？（标题）

今天这位小姐姐带着婆婆来店里做 SPA，没想到婆婆做着做着就睡着了。看着她睡得那么香，小姐姐不忍心叫醒，于是又做了一个项目，只为等着婆婆！

她说，"最近疫情闹的，孩子们又在家上网课，婆婆太累了，让她多睡会儿吧！"（内容）

你看看，爱都是相互的，双向奔赴的美好是真的好！（结尾）

这篇文案标题使用了常见的问句，首先提出疑问：这样的婆媳关系，你羡慕了吗？中间的内容非常简单，就是描述事情的起因、经过和结果。文案的结尾与标题相互呼应，升华到"爱都是相互的，双向奔赴的美好是真的好！"

只要遵循"三步结构"去创作，哪怕简单的日常也可以娓娓道来，让人读后念念不忘。只用寥寥数语，就能唤起读者的情感和情绪。

因此，不要低估框架的威力。它虽然看似简单，但是运用得当，便能让文字勾魂收心。

很多时候，如果没有框架的指导，写出来的文字就容易像流水账一样索然无味，缺乏中心思想和逻辑，也无法传达清晰的目的。

我们来看看下面这篇朋友圈文案。

今天是祖国的生日，一大早看到各种升旗的视频，感动满满；

中午，去店里做了护肤和 SPA（很喜欢身体被美好对待的感觉）；

晚上，老公发信息，提醒我早点回家吃饭；

六点多到家一看，面前是一盘烧鸡，尝一口，是久违的熟悉的味道（原来戴先生专门买了俺老家，漯河沙北店的老婆烧鸡）；

吃完饭，陪着孩子一起吃柚子，石榴……

看完后，你什么感觉呢？是不是在想：

第一，这篇流水账没意思。

第二，你写这么多和我有什么关系呢？

第三，你想表达啥我不知道！

可是，同样的文字，只要给它按照框架添加标题和结尾，就完全不一样了。

来看一下，我2022年10月1日发布的这篇朋友圈文案（图5.3）。

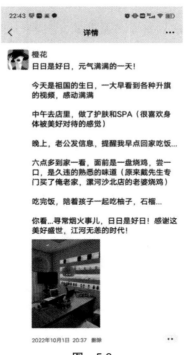

图　5.3

哇，是不是瞬间被吸引了？

首先，标题突出："日日是好日，这是元气满满的一天！"。接下来，中间虽然是流水账，但却令人感觉仿佛经历了元气满满的一天似的。最后，再用结尾升华情感："寻常烟火事儿，日日是好日！感谢这美好盛世，江河无恙的时代！"

我们都知道，十月一日是国庆节，一个意义非凡的日子。

看到最后，你是不是感到内心的情感被点燃了？

这中间的流水账是不是读起来变得生动有趣了？

你是不是也会回顾自己的一天，想想自己的寻常烟火事儿？

你是不是最后和作者共情了，感受到了这是多么美好的日子？

你可能会联想到有的国家正在打仗，这世界一点都不太平，而我们却幸运地生活在一个和平安定的国家。正是因为祖国强大了，江河无恙，我们才能享受这么美好的日子！

这就是框架的力量，只要你遵循框架文案的写法，心中有框架，笔下有元素，就能创作出勾魂收心的文案。

在撰写产品干货文案时，"三步结构"也非常适用，可以具体应用为：提出问题、透露干货、得出结论。

举例：

什么样的油，才是纯正的玫瑰复方按摩油？

第一，闻。必须有纯天然的单方玫瑰精油的味道，而香精合成的玫瑰味道一闻就特别香，可是只要多闻一会儿，就会头晕甚至恶心；

第二，试。产品越纯正，它的渗透力越强。你可以把按摩油擦在手背上，用指尖按摩几秒钟，如果被皮肤吸收得特别快，则是上品；

第三，看。要学会看成分标识：里面包含哪些纯单方精油，以及使用了什么植物油做了打底调配。

问植玫瑰复方按摩油"关雎"，芳香纯正，吸收快，附有详细的成分说明，是女性机能按摩油里的良心之选。

在"三步结构"中，标题和结尾通常都容易把握，但是中间的内容部分可能看起来较为复杂，让人不确定如何撰写。

其实，只要掌握了中间部分的几种基本逻辑关系，就可以很快写出勾魂的文案。常见的逻辑关系包括并列关系、转折关系、因果关系、递进关系和对比关系。

1. 并列关系

并列关系是指将两个或多个事物、概念或观点放置在同一层次，构建一种彼此平行并列的关系。

前面关于玫瑰复方按摩油的文案，就是在内容部分遵循了并列关系。

2. 转折关系

转折关系就是讲述事物的转折和变化。

举例：

这个错误，视频号 99% 的女主播都在犯！

我发现了一个扎心的事实，99% 的女主播（尤其是在做知识付费的女主播）都在犯一个严重的错误，但是，她们一般都不自知⋯⋯

怎么办呢？大声说出来怪不好意思，你想知道我发现了啥，回复 666，我就私信发给你⋯⋯

这篇朋友圈文案巧妙地运用了转折，让整篇文案充满了趣味。发布后，立刻引发了众多好奇围观，许多人纷纷询问我文中所指的错误到底是什么。

常用的转折词一般有：虽然⋯⋯，但是⋯⋯；尽管⋯⋯，可是⋯⋯；却；然而；等等。

3. 因果关系

在逻辑学中，因果关系是一种基本的推理关系，它是指其中一个事件

（原因）引发或促成另一个事件（结果）的出现。

举例：

与其有钱，不如值钱！

值钱的人之所以早晚会有钱，是因为值钱的人都有某种绝活，也就是一技之长，可以随时随地地创造财富……

所以，从现在开始，学会打造你的绝活吧！

这篇文案虽然篇幅短小，但是逻辑关系很清晰，中间部分运用了因果关系来表达观点。

因果关系常用的连接词一般有：因为……，所以……；之所以……，是因为……；既然……，那么……；等等。

4. 递进关系

递进关系是指按照事物的发展规律以及逻辑顺序，逐层安排和组织内容，以引导信息或论点层层深入，实现逐步推进的效果。

举例：

到底是什么，让他对我刮目相看？

今天，我有幸向一位杰出的企业老板分享门店经营策略。起初，我向他介绍了一项简单的门店获客技巧，这立刻吸引了他的兴趣。接着，我分享了一项线上引爆流量的方法，这不仅加深了他的兴趣，而且赢得了他的认可和赞赏。后来的交流中，他不仅急切地想要了解更多获客技巧，甚至还主动提出了企业培训合作的意愿。

这个经历让我深刻认识到，专注于提升个人专业能力是赢得他人尊重和认可的关键。

这篇文案的中间内容部分通过层层递进的方法，描述我与企业老板的交流过程，逻辑清晰。

5.对比关系

对比关系是将不同的人或物，或同一事物的不同特征进行比较分析，以凸显其相似之处。

举例：

辗转反侧难以入睡，让"酣然"来帮你！

倒头就睡是多少失眠的人梦寐以求的事儿。不经历失眠，你永远体会不到彻夜难眠的痛苦！这位姐姐之前就有严重的偏头疼，并伴随着失眠症，常常晚上辗转反侧难以入睡，有时候甚至需要吃几粒安眠药才能睡着……

推荐她用了一段时间"酣然"助眠香薰精油以后，姐姐反馈说睡眠质量提高了好多，她说太喜欢这种简单的方式了，只需要睡前在香薰机里滴几滴，就能缓解她的睡眠障碍了。

想要好闻又好用的"酣然"助眠香薰精油，找我了解哦！

这篇文案的中间部分采用了对比方法，指出顾客使用产品前后的不同。

当你明白了这些逻辑关系，只需将相关的元素要点罗列出来，你就会发现使用"三步结构"撰写文案变得得心应手了。

可以说"三步结构"是文案创作中最基础且应用最广泛的一种框架，还有许多其他结构都是在这个框架的基础上进行延伸的。你必须熟练掌握"三步结构"，进而才能逐渐掌握更多的文案框架。

此外，在平时的文案创作实践中，我还找到了一种更简单的短文案写法，那就是"两步登天"。

下一小节，告诉你写文案如何做到两步登天……

第三节

两步登天：
直接占领顾客的心智

"两步登天"是一种文案创作方法，它由两个核心部分组成：起始和结尾，形似两句或两段式的结构。

这种方法直接从吸引注意力的"入口"迅速过渡到令人印象深刻的"高潮"，两步之内迅速占领顾客的心智。

起始部分，作为"入口"，必须提供相关且准确的信息；结尾部分，作为"高潮"，应传达具体而清晰的信息。

起始可以设定为场景、痛点、问题、原因、品牌或现象；结尾则可以展现结果、好处、方案、答案、结论或指令。

将起始和结尾巧妙结合，便构成了"两步登天"的文案创作框架。例如：

场景 + 方案：经常用脑，喝六个核桃

痛点 + 方案：怕上火，喝王老吉

品牌 + 好处：维维豆奶，欢乐开怀

......

许多品牌的广告文案都采用"两步登天"的结构。这种表达方式虽然简单，却能够直接占领顾客的心智。

"两步登天"的应用范围非常广泛，它不仅适用于创作精练的标语，还适用于创作引人入胜的标题。

例如，痛点＋方案：

● 家长陪着写作业到底什么时候是个头？3个方法让你的孩子自主写作业

● 认知能力太差吃了太多亏？这5本书助力你实现跨越式成长

以外，"两步登天"的结构还可以应用到朋友圈短文案的创作中。这种文案方式通常更加简洁明了，能够以最直接且有力的方式传达核心信息，从而在读者心中留下深刻的印象。

例如：

（1）身边有很多朋友，不知道如何写文案的开头，每次想写文案时，左思右想，却不知道从哪里下笔。如果你也这样，毋庸置疑，你同样正面临"开头恐惧症"的困扰。

别慌，《框架文案》为你准备了3个绝对吸引人的开头方法，你直接套用，就可以写出引人入胜的文案，牢牢黏住读者的注意力，让他们追着读下去！

（2）还有谁想成为短视频带货高手，用1年的时间赚到过去10年的钱？

如果你想抓住视频号的红利，请扫描下方二维码，添加微信，免费领取《视频号赚钱十大秘诀》电子书。

（3）如果你想提升文案的转化率，你就必须让用户透过你的文字感知产品的价值。只有这样，用户才会产生下单购买的欲望。

因此，想要下笔收钱，你必须先学会如何塑造产品价值。

（4）无论你的产品有多少亮点，如果你的文案没有抓住顾客的真正需求，那么一切都是徒劳。

唯有让你的产品亮点跟顾客的真正需求相结合，才能确保提升你的文案转化率。

　　根据"两步登天"的结构，我们可以迅速构建丰富的文案模板，轻松撰写出高质量的短文案。

　　这类文案的字数不多，在朋友圈中发布时，它们通常不会被折叠，可以完整地展示给读者。同时，这种简洁明了的表达方式，能够让读者在短时间内迅速获取信息，加深对信息的理解和记忆。

　　现在请你回头翻看每个章节的开篇导读，是不是都呈现了两段式的结构？事实上，并非刻意使用任何框架，我只是自然地写成了两段而已。

　　赶快使用这个方法，根据你自己的产品和服务创作你的口号和短文案吧！渐渐地，你将能够体会到文案的第三层境界——"延框"，突破框架的限制，写出引人入胜且具有商业价值的文案……

第四节

SCQA 结构：
万能变换的魔力框架

前面的章节提到过 SCQA 结构，即情境（situation）、冲突（complication）、问题（question）、答案（answer）。这个框架的最大优势在于它能够将用户直接代入常见的场景中，引发情感共鸣，制造问题并激发求知欲。例如：

● 今年过节（S）不收礼（C），（Q）收礼只收脑白金（A）。

● 得了灰指甲（S），一个传染俩（C），问我怎么治（Q）？马上用亮甲（A）！

这些脍炙人口的广告语，事实上都运用了 SCQA 结构。还有很多文案也采用了这样的结构，例如：

现在，很多年轻人都开始做副业了，这也确实是越来越流行的趋势，副业俨然成为年轻人的刚需。（情境）

但是，如果你跟风做副业，就特别容易踩坑。（冲突）

那么，什么样的副业才是好副业呢？（问题）

其实，入门易、赚钱多、可持续的副业才是好副业，靠读书写作变现就满足这三个条件……（答案）

SCQA 是一个灵活的结构框架，它在许多经典文案中清晰可见。在不同类型的文案创作中，创作者可能会选择重点强调 SCQA 结构中的不同部分。

通过调整情境、冲突、问题和答案这四个要素的顺序，我们可以得到开门见山式 (ASC)、突出忧虑式 (CSA) 和突出信心式 (QSCA) 的文案形式。这些不同的排列方式展现了多样化的写作风格，同时传达了不同的情感和情绪。

弗雷迪·伯迪（Freddy Birdy）是印度顶级文案大师，他为老年人创作了大量广为人知的公益广告。来看一组主题为《如果眼泪是自己的手擦干的，那它就白流了》的文案，弗雷迪运用了 SCQA 结构。[①]

你可以坐在办公室的装有椅套和软垫的椅子上，抽出你的支票本。拧开笔尖，用黄金做的 Mont Blanc 水笔，给你最喜欢的慈善机构捐献一笔巨款，内心感觉很舒服。（S）

但是，老人不需要你的钱。（C）

你能，捐献一点点时间吗？（Q）

你只要花一点儿时间陪老人就够了。（A）

在一篇题为"如果没有人陪伴，连茶的味道都会不一样"的文案中，弗雷迪·伯迪以情境、冲突和问题的交织，巧妙地引发读者的情感共鸣，引导他们关注老人。这篇文案如下。[②]

倘若你想醒来时躺在另一个人怀里，而不是空荡荡的床上，怎么办？

倘若你在等待门铃响起，却没一个人来，怎么办？

倘若你穿上一件新的纱丽，但只有你的镜子注意到了，怎么办？

倘若你做了一道刚学来的菜，但餐桌旁总是只有你一个人，怎么办？

[①②] 真不是我矫情，每次读他的长文案我都好心塞. http://mp.weixin.qq.com/s/C3tWD5X_m31cmUKQvss2wA?poc_token=HE-ED2ajpuiyp5AykL4HFIw6nRmHjGAsKTuTNCYo.

倘若日子就这样无情地流逝，而世界还在飞速运转，怎么办？

倘若你有一生的故事要讲，却没有人来听，怎么办？

倘若这一切突然之间发生在你身上，怎么办？

你只要花一点儿时间陪老人就够了。

……

无论是追求文艺范还是杀手范的文案创作，都可以借助 SCQA 这个万能框架实现创作目标。在过去一段时间里，我使用这个框架创作了大量的短视频文案脚本。

现在，请你根据自己的产品或者服务，运用 SCQA 万能框架构思一篇文案吧！最好再变换一下角度，读一读，看看有什么不一样的感觉……

第五节

MCRCP 框架：传递正确的声音

第四章介绍了一种文案开头技巧——纠错法。我们可以从纠错入手，逐步展开，构建一篇完整的文案。我将这种创作方法归纳为 MCRCP 框架，具体步骤如下。

提出错误：指出目标受众可能存在的误区或问题。

指出后果：阐释这些错误可能导致的不良后果。

给出原因：分析造成这些错误的原因。

得出结论：基于前面的分析，得出一个合乎逻辑的结论。

引出产品：自然地将产品作为解决问题的方案介绍给读者。

简而言之，可以用以下五个英文单词来代表这五个步骤。

错误（mistake）

后果（consequences）

原因（reasons）

结论（conclusion）

产品（product）

将这五个单词的首字母组合起来，就构成了 MCRCP 这一简称。

例如，吹风机文案：

很多人以为吹个头发，用啥吹风机不行？反正三五分钟就吹干了，尤其

是很多人还特别喜欢用高温快速吹干头发。（错误）

其实你不知道的是，普通的吹风机吹送的高温风会损伤你的毛囊，严重的还会烫死毛囊。（后果）

为什么会这样呢？

说到底，还是普通吹风机里面没有恒温控制系统，长时间高温的吹风会让热量聚集，可能会导致局部头发缺失水分，进而对头发造成损伤，使头发变得脆弱，出现头发干枯、发黄及变粗糙等症状，严重的时候还会烫伤或者烫死毛囊。（原因）

所以，你一定不要低估了普通吹风机的破坏力，要学会鉴别什么才是一款好的吹风机。（结论）

××新一代高速吹风机，搭载11万转高速电动机，产生强劲的穿透性气流，干发时间节省一半，内置温控系统和传感器，每秒100次风温校准，可以有效防止热损伤……（产品）

这篇吹风机文案就是按照MCRCP框架创作的一篇文案，值得你反复研究和借鉴。

再来看看老年减肥营的文案。

对于老年人来说，减重可绝对不是依靠节食和运动就能实现的。可是现实情况却是，很多老年人为了省钱，学着年轻人的方式，不停地节食和运动。（错误）

老年人节食可能引发一系列健康问题，同样，不当的运动也可能引起多种风险和问题。这样的错误行为甚至可能给老年人带来意想不到的灾难。（指出后果）

为什么这么说呢？

老年人节食，轻者造成营养不良，重者对于本身就有一些慢性病的老年人来说，会诱发多种疾病，造成低血糖、胆结石等多种疾病加重；另外，由

于老年人骨质密度比较稀疏，不当的运动容易造成损伤。（原因）

其实，老年人减重并不仅仅是为了好看，更多的是为了健康和长寿，为的是在老的时候不拖累家里人。肥胖是百害而无一利，老年人不应该让自己该享福的时候这也不能吃那也不能喝，看着别人这里玩那里玩，自己却只能在家里窝着。

但是老年人和年轻人不一样，减重一定要讲究方法，千万不能乱来，尤其不能靠单纯的节食和运动，不然不仅容易反弹，还会给身体造成损伤。（结论）

想要健康的减肥，我推荐你试试××瘦身健康体验营，7天的营养瘦身直播课，只要7元，一天一块钱，有着10年减肥和慢病调理经验的注册营养师，会教你肥胖和慢性病的底层逻辑，通过4个层次，8个维度，16个调理阶段，告诉你吃什么，怎么吃，通过营养修复器官损伤，激发身体的自愈力，帮你解决肥胖和慢病问题……（产品）

上述例子都是从指出一个错误观点或行为开始，最终引导到产品的介绍。全篇文案逻辑清晰，论据确凿，论证过程严谨。

MCRCP框架利用了人脑无法忍受缺失的特性，通过提出问题、分析原因、提供解答，使得整篇文案形成一个逻辑严密的闭环。通过这两个例子，你应该能感受到MCRCP框架具有很强大的逻辑性。此外，这个框架非常灵活，可以根据不同的文案需求进行调整和变化。

再来看一篇甲壳虫汽车的经典文案"Think small"。

我们的小车并不标新立异。许多从学院出来的家伙并不屑于屈身于它；加油站的小伙子也不会问它的油箱在哪里；没有人注意它，甚至没人看它一眼。

其实，驾驶过它的人并不这样认为。

因为它耗油低，不需防冻剂，能够用一套轮胎跑完40000英里（1英里≈

1.61 千米）的路。

这就是你一旦用上我们的产品就对它爱不释手的原因。

当你挤进一个狭小的停车场、当你更换你那笔少量的保险金、当你支付那一小笔修理账单时，或者当你用你的旧大众换得一辆新大众时，请想想小的好处。

这篇经典文案灵活运用了 MCRCP 框架，使得整篇文案衔接紧密，读起来如坐滑梯一般顺畅。

总之，MCRCP 是一种非常实用的文案创作框架。它简单易懂，易于应用。例如，如果想要推销一款植物牙膏，可以按照以下步骤来撰写文案。

第一步，提出一个人们在选择牙膏时的普遍性错误行为。

第二步，指出这种错误行为久而久之会导致什么样的不良后果。

第三步，进一步分析产生这种后果的原因是什么。

第四步，得出结论，认识到正确选择一款好牙膏的重要性。

第五步，引出产品。

现在就对照你的产品，用纠错法开头，按照 MCRCP 框架润色一篇产品文案吧，相信你会有意想不到的收获……

第六节

五指框架：
伸开手就能摸清文案的脉络

五指框架法是一种新颖的文案创作方法，它将文案的结构细分为五个独立而又相互关联的部分。这五个部分如同人的五根手指，各有所长、各司其职。当这五个部分协同作用时，就如五指紧握成拳，可以凝聚成一篇充满力量的文案。

那么，如何理解五指框架（图5.4）的具体含义呢？

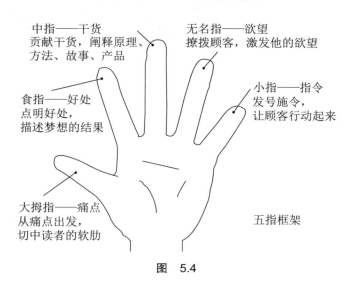

图 5.4

大拇指——**痛点**（痛苦、恐惧、问题）

食指 —— **好处**（梦想、渴望、蓝图）

中指 —— **干货**（原理、方法、故事、产品）

无名指 —— **欲望**（案例、见证、特色、价值）

小指 —— **指令**（加微信、转发、购买）

在深入学习五指框架之前，让我们先来看一个故事。

星云大师讲起"五根手指"的故事。

有一天，五根手指争论起谁是老大来。

首先，大拇指说："我最大，因为都是用我去赞赏别人，我又是排第一，你们都得听我的。"

食指听后不服气："民以食为天，'食'就是我；另外大家都用食指指方向，要你向东就向东，要你向西就向西，我的地位最正统了。"

中指说："我在中间，长得最长，所以我最大。"

无名指笑道："无名才是有名。众人把名贵的钻石、戒指套在我这里，你们怎能不听我的？"

最后轮到小拇指，它却不说话。其他四指催它表态，它只好说："我最小，哪有资格同你们争？"不过，小拇指轻声道："当大家双手合十礼佛时，我离佛祖最近。"

星云大师停顿片刻，展开自己的右手说："五根手指头长短不一，各有各的角色，如果把它们合起来，就是一个拳头，它代表力量，何必计较五指的长短大小？"

五根手指各有其特点和功能，当它们紧握成拳时，便汇聚成了力量。五指框架正是从《离佛祖最近的小拇指》这则故事中汲取灵感，形成了独特的理念。

大拇指在五指中占据首位，象征着文案创作中至关重要的第一步——吸引读者的注意力。而最直接的方法便是利用痛点法。通过痛点切入，文案能够迅速触及读者的敏感点，激发他们的兴趣和情感共鸣，使他们被文字所吸引。

食指一般用来指引方向，在文案中象征着为读者指明方向。在戳中读者痛点之后，你需要引导他们朝着积极的方向前进，向他们展示梦想的世界，并提供一些"好处"。

中指最长，在文案中代表着内容丰富的干货部分。你可以在这里详细讲解原理、方法、故事、产品等，阐释如何解决读者的痛点，以及为什么能为他们带来好处。

无名指通常与爱情联系在一起，在文案创作中，这一步是激发顾客购买欲望的关键。你可以借助成功案例、客户见证、产品独特卖点等元素向对方展示自己的价值和特点，撩拨顾客的情感，激发他们强烈的购买欲望。

小指虽小，却非常灵活，在文案中代表着行动指令。在这个阶段，你需要向目标顾客发出具体的行动号召，无论是为了吸引粉丝、促进转发，还是达成销售，都要在文案中明确你的最终指令。

通过五根手指的比喻，文案的结构变得清晰易记。现在，请你伸开一只手，念出这五个关键词，梳理文案的脉络吧！

现在，你已经了解了如何运用五指框架对文案进行谋篇布局，接下来只需将适当的元素内容填充进去，就可以完成一篇完整的文案。

遵循五指框架完成文案创作后，整篇文案就像紧握的拳头，充满着力量。

下面来看一篇运用五指框架创作的长文案。

一到节日，孝顺的你就想着带着父母拍个全家福，毕竟父母越来越老了，相比往后余生，现在就是他们最年轻最漂亮的时刻了！

你想着要留住父母现在最幸福的样子，可是面对千篇一律的摄影机构，你又犯难了，不知道到底该选哪个。（痛点）

如果有一个摄影大师，帮助你完成这个心愿，你会不会觉得这将是你给父母最特别的礼物呢？

如果这位摄影大师，能不远千里来到你的身边，专程为你的父母拍照，

那是不是太美好了呢？（好处）

现在，告诉你一个超级震撼的好消息：你想找的摄影大师——施渠通老师，刚刚启动了全国百城巡拍活动！

施渠通老师是谁？

施老师是一位历经摄影风云的大咖级人物，他 1986 年入行摄影便带动了整个摄影行业的发展；1989 年施老师就来到北京，创立了个人摄影工作室；20 世纪 90 年代初，施老师便在中国美术馆开办了个人肖像作品展。

并且从那时起，施老师就开始给各大明星拍摄肖像，比如，宋祖英的一些杂志封面肖像就是出自施老师之手，还有更多的明星、企业家、高官的肖像都是出自施老师之手……

你以为施老师会一直为这些大人物拍摄吗？其实不然。

有一次施渠通老师受邀进行公益活动，到一个村子里对 80 岁以上老人进行拍摄。老人们拿到照片后，都高兴得像个孩子笑得合不拢嘴，很多老人说从来没有拍过这么好的照片！

这个情景触动了施老师，于是他做出了一个大胆的决定：专业拍摄老人肖像，为老人拍一张最美的照片！

没想到就是这样一个决定，改变了施老师后来的事业方向。迄今为止，施老师已经拍摄了千位高龄老人。

让我们一起来欣赏一下，施老师镜头之下的老人。虽然没有华丽的装饰，可是施老师却用镜头展现了老人真实的人格魅力。就像他一直说的那样，老人应该是得体的、幸福的！

这样的照片是艺术品，而我们在普通照相馆拍的照片只能算是纪念品！

那么，你肯定觉得找这样的大师拍照一定很贵，怎么着也应该在万元左右吧，没想到施老师说这次完全是为了完成一个全国巡拍的梦想，费用只按照普通拍摄费用 3900 元收取！

不仅如此，如果你现在在施渠通的视频号下方预定拍摄，只需要缴纳 20 元定金，就可以享受 500 元的减免！（欲望）

总之，简直太划算了，现在立刻关注施渠通视频号，在百城巡拍这条视频下方的评论区，拍一个 20 元的定金，即可抢占名额。（指令）

这是一篇精简的文案，中间省去了施渠通老师的一些个人故事和图片展示。整体上来说，全篇文案结构很完整，遵循了五指框架的创作方法。

事实上，五指框架同样适用于创作短文案。例如：

35 岁以后，你开始羡慕身边有些人，觉得她们每天都充满活力与干劲，但你却整天有气无力，少气懒言。（痛点）

其实，一旦改变这样的状态，你就会成为一个有能量、有气场的大女主！（好处）

现在，你离大女主还差了什么呢？

答案就是，差了一瓶按摩油！这款"逢春"按摩调理油专门补阳补气，它的核心成分可以有效调节湿热体质，提升元气。（干货）

初见这位姐姐的时候，她和很多人一样，说话有气无力，无精打采，充满疲惫。自从推荐她用了一段时间"逢春"调理按摩油以后，她就渐渐恢复了活力！（欲望）

能量不足，"逢春"来补！

这款"气场"油，如果你也需要，赶紧扫码带走！（指令）

总之，五指框架是一个非常好用的文案框架。现在请你来回忆一下，五根手指分别代表了什么呢？

痛点、好处、干货、欲望、指令！

伸手是框架，握拳是力量！ 掌握五指框架后，你只需填充相应的内容，就能轻松创作出一篇完整且有力量的文案。

现在，你会发现，有了框架，写文案就如同做填空题一样简单。

下一章，将带你用文案玩转朋友圈。请快速翻页吧……

第六章

朋友圈文案

多种维度，玩转朋友圈

有了框架，你还需要填充素材才能丰富你的文案。朋友圈是离财富最近的地方，这里应该是你的主战场。

本章主要讲述如何从生活圈、专业圈和价值圈三个方面来填充内容，精心打造朋友圈。

第一节

高空布局：看一眼就被你吸引

现在，你对文案的高空框架已经非常熟悉了。文案就是让看见的人打开，让打开的人读完，让读完的人行动！

那么，朋友圈文案有高空框架吗？

是的，文案的高空框架对朋友圈来说依然适用。不过，朋友圈文案也具有一定的独特性，如果更加细致地说，我认为朋友圈文案的高空布局是：**让用户看见你、了解你、信任你！**

众所周知，微信已经成为最广泛使用的一种社交工具，无论何时何地，人们几乎都离不开微信。在微信生态圈中，朋友圈就像一个金矿，蕴藏着巨大的赚钱机会。如果你懂得开采和利用，就能够从中获得丰厚的收益。

无论是通过何种途径结识新朋友，一旦将其添加到微信中，你们便建立了初步的联系。然而，陌生人并不会立即对你产生信任，他们会通过与你不断的互动和接触逐渐了解你……

因此，你首先要做的是让他们看见你。在你还在设定"三天可见"甚至屏蔽朋友圈时，很多人已经通过巧妙布局的朋友圈赚取了大量的财富。

若能精心打造自己的朋友圈，它将成为一个 24 小时为你赚钱的店铺，你甚至无须支付任何租金。

接下来，我将为你介绍如何通过恰当的朋友圈布局让用户看见你。

1. 昵称

在选择昵称时，有几个重要的考虑因素。

首先，昵称应该是好听、易写、易记、易传播的。好的昵称能够轻而易举地留在人们的记忆中，让他们无须费力就能找到你。

其次，避免在昵称中使用符号"A"字样和电话号码，以免让人觉得昵称缺乏个性，毫无格调。

此外，应当避免使用生僻字，而是选择简单易懂的字词作为昵称。这样不仅能够提高昵称的识别度，还能减少误解和混淆。

最重要的是，昵称应与定位相关并包含核心关键词。这样，当潜在顾客通过微信搜索寻找相关信息时，能够更轻松地找到你。这将为你在市场竞争中赢得先机。

2. 头像

头像是给他人最直观的第一印象，一个合适的头像可以增加粉丝对你的信任度。为了展示专业形象，建议使用符合你专业定位的清晰个人照作为头像。避免使用卡通人物、风景照或者公司 logo 等，因为它们无法真正代表你的形象。

如果不喜欢使用个人专业照，你可以考虑选择一张个性鲜明的日常照或颜色鲜明的图案作为头像，这样，在聊天列表中，你会更加容易被识别或找到。

3. 背景图

当我们添加新的微信联系人时，通常会下意识地浏览对方的朋友圈。朋友圈的背景图往往是我们第一眼看到的。一张设计精美或富有创意的背景图能够迅速吸引访客的注意力。

如果把朋友圈比作一家吸引财富的旺铺，那么背景图就相当于店铺的招牌，同时也是一个无须额外成本的广告位。意识到这一点，我们会更加注重背景图的合理运用，增强与访客之间的信任。

以下是一些建议要素，帮助你更好地利用背景图。

● 展示个人形象：提升亲和力和信任感。

● 突出专业标签：彰显你的专业领域和专长。

● 展示个人成就：分享你的专业成就或荣誉。

● 明确专注解决的问题：表明你能够提供解决方案或帮助。

● 增加品牌标识：加强品牌识别度。

通过精心设计的背景图，你可以更有效地展示自己，吸引并维系朋友圈访客的兴趣和信任。

4. 个性签名

朋友圈的个性签名是一段简短而富有内涵的文字，是访客在浏览朋友圈时能够迅速捕捉到的个性化信息。

一个精心设计的个性签名，能够吸引访客的目光，以简洁的方式传达你的核心信息和个性风采。它能够体现你的专业领域，让人一目了然你的专长；能够传达你的情感态度，让人感受到你的温度；甚至能够成为你的品牌口号，让人记住你的形象。

5. 提醒功能

前面四种方式都是静态的布局，可以让用户直观地看到你。除此以外，必要的时候你还可以使用动态的提醒功能。因为很多时候，大部分人并没有刚好在线看到你发布的信息。

如果你平时对朋友圈的用户进行了标签分类，那么在发布适合他们的重要信息时，就可以利用提醒功能来 @ 提醒重要的客户，让他们更容易注意你的文案内容。

以上五种方式都可以让朋友圈用户看见你，但如何让他们更好地了解你、信任你呢？

关键在于巧妙地运用文案布局。在朋友圈中，可以构建三个维度的展示：生活圈、专业圈和价值圈，让文案为你代言。

生活圈，即展示日常生活的方方面面，包括衣着、饮食、居住、出行、娱乐、情感和个人成长等。通过展示真实的生活状态，你可以与潜在客户建立情感的纽带，让他们感受到你的魅力，从而产生好感。

专业圈，则是展示你的专业能力。通过分享专业知识、成功案例和信息展示，让目标客户认识到你的专业水平。专业的形象能够增加客户的信任感，使他们相信你有能力解决他们的问题，从而愿意购买你的产品或服务。

价值圈，通过分享你的思想和价值观，持续地影响目标客户。在他们的心中种植理念和记忆，这样他们就更愿意跟随你的脚步，选择购买你的产品和服务。

通过这三个维度的精心布局，你的朋友圈将成为展示个人魅力和专业能力的绝佳平台。

从整体上看，生活圈有助于建立个人形象，赢得人心；专业圈能够展示专业能力，带来收益；价值圈则有助于传递价值观，打造长期影响力。这三者共同构成朋友圈的内容布局，塑造独特的个人风格。

持续输出高质量的朋友圈文案，可以让粉丝看见你，了解你并信任你，从而愿意购买你的产品或服务。

接下来，我将带你探索如何从多个维度玩转朋友圈，打造独一无二的个人特色……

第二节

生活圈：五大维度展现真实的你

在前面的章节中，我介绍了一些文案创作的要点，希望这些内容能够激发你的热情，让你渴望开启自己的文案创作之旅。

此时，你可能最关心的问题是应该写些什么。你可能好奇，为什么有些人似乎有一种与生俱来的创作能力，无论面对何种主题，都能游刃有余、信手拈来。

其实，我想告诉你，这一切并不难，因为生活中到处都是素材。无论是街头巷尾的人们，还是身边发生的小故事，都可以成为你文案创作的灵感来源。

只要你保持足够的观察力和敏感性，就能够捕捉到那些独特的瞬间和细节，将它们转化为引人入胜的文案内容。

具体来说，创作生活圈文案可以从以下五个维度入手。

1. 基本生活

衣食住行和柴米油盐构成了我们日常生活的基础。无论是关于衣着搭配的时尚小秘密，还是探索新事物的趣味故事，抑或是关于旅行经历的感悟分享，都可以作为文案创作的素材。例如：

新鲜的饺子出炉了！

今天，儿子跟我说想吃饺子。我赶紧备上馅儿，开始包饺子。没想到，儿子竟然主动凑过来，要求给我帮忙。于是母子二人并肩作战，很快包了几十个饺子。

煮好的饺子摆上桌，诱人的香气弥漫开来。看着儿子兴奋地夹起一个饺子，一口咬下去，我不禁笑开了花……

其实，生活就是这样，简单、平凡、快乐就好！

2. 兴趣爱好

读书、画画、瑜伽、烹饪、品茶以及娱乐生活等都属于兴趣爱好的范畴，可以作为朋友圈文案的创作素材。例如：

瑜伽给我带来哪些改变？

风雨无阻坚持整整一年了！还记得去年的今天，当我开始练习瑜伽时，自己那萎靡的状态和难看的身材……

然而，这一年瑜伽改变了我。它不仅让我的身体状态变好了，更重要的是，它教会了我耐心和坚持。

无论做任何事情，只有长期坚持，才能获得真正的成果。

即使是写自己的兴趣爱好，也可以在结尾处做一个小小的升华，突出自己的所思所想，这样更能引起读者的共鸣，同时给自己的个人形象加分。

3. 情感表达

亲情、友情、爱情、同事之情等都属于情感表达的范畴，围绕这些方面发生的事情都可以作为朋友圈的创作素材。例如：

父母想要的从来不是最贵的！

最近爸爸的膝盖总是隐隐作痛。今天我带他来店里敷了一个泥灸。做完后爸爸说轻松多了，他一直感慨，"没想到这么简单的方法，效果竟然这么好！"

看着父亲开心的模样，我突然觉得，父母需要的并不是多么昂贵的东

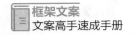

西，而只是简简单单的关怀！

情感表达最容易引起朋友圈粉丝的共鸣。它可以让别人知道你是一个有爱、有温度的人。

4. 成长感悟

日常学习、读书感悟、自我反思等都属于成长感悟范畴，它们构成了个人成长的重要部分。例如：

活到老，学到老！

不知道你有没有发现，当我们持续深入学习并积累知识的时候，会逐渐体会到一种豁然开朗的感觉。这种不断成长的过程不仅可以引导我们追求更加精彩的生活，还能够给予我们更多心灵上的满足和成就感……

因此，持续学习是个人成长的必经之路！

成长感悟的输出可以打造独一无二的个人特色。绝大多数人都喜欢积极向上、有上进心的人。因此，如果你想要获得更多的认可和共鸣，就不要吝啬输出你的成长感悟。

5. 真实活动

真实活动包括参加线上或线下交流会、拜访各界人士、参观厂家或企业，等等。这些活动能够传递出一个追求进步或者追求产品极致的形象。例如：

高手过招，绝活交流！

今天，我参加了一家创业者俱乐部举办的交流学习活动。与我一同参会的还有一众身怀绝技的大咖，包括抖音变现高人、小红书引流专家、实体连锁店老板，等等。

疫情之下，各行各业都不容易，大家相互分享绝活，抱团成长，只为创造更好的奇迹……

总之，生活圈可以从基本生活、兴趣爱好、情感表达、成长感悟和真实活动这五个维度来展示一个真实、有血有肉、有思想、有温度、有个性的形象。

生活圈具体怎么写？

上一章节我们讲到了"三步结构"这个框架，朋友圈文案一般可以采用"三步结构"，按照标题、内容、结尾来写。

标题一般是概括或者引用一句话点题。内容可以按照时间、地点、人物、起因、经过、结果这六个要素来组织。结尾可以做总结，与标题呼应或者直接用金句升华。整体文案一定要符合 CSR 原则，即口语化、滑梯式、引起情感共鸣，如图 6.1 所示。

图　6.1

当你掌握了"三步结构",即通过标题、内容、结尾来构思朋友圈文案,你可以进一步提升自己,运用"两步登天"的策略创作更简洁的朋友圈文案。

总之,生活中处处蕴藏着丰富的素材。不要犹豫,去挖掘生活中的点滴细节,展示你真实而精彩的个人风采吧!

第三节

专业圈：三大维度催眠目标客户

专业圈分为三个维度，分别是干货输出、信息展示和成功案例。

1. 干货输出

干货输出是指围绕产品和专业领域提供有深度的内容。通过持续分享有价值的信息，你将在朋友圈用户心目中树立起专家的形象，从而逐步增强他们对你的信任。

信任是成交的基础。因此，不断地输出高质量的干货内容是非常必要的。

例如，你是女性化妆品的销售者，你可以分享痘痘肌肤的护理方法、夏季高效防晒技巧、油性皮肤适用的化妆品选择，以及 35 岁以上女性的抗衰老策略等。

对于 SPA 馆来说，朋友圈的日常更新可以包括秋季养生技巧、祛除湿气的方法、肩颈疼痛缓解技巧、艾灸的益处等。

例如，SPA 馆日常科普文案。

为什么你需要祛除体内的湿气？

你知道吗？都说"十人九湿"，我们的身体里可能潜藏着一股湿气，它会给我们带来一系列的不适和困扰。

首先，湿气可不好玩，它会给我们的身体健康埋下隐患。消化问题、皮肤疾病等就是湿气带来的苦头！所以祛除湿气，就是让我们的身体更舒适、更健康！

其次，湿气过重会导致皮肤黏腻、痘痘滋生哦！

最后，湿气还影响血液循环，导致机体抵抗力下降，容易引发感冒、关节炎等疾病。

因此，祛除体内湿气非常有必要。通过采取合适的饮食、运动、调理等方法，可以调节体内湿气的平衡，让身体保持健康状态！

2. 展示信息

展示信息通常包括展示客户咨询、付款截图、客户反馈，以及海报和广告信息。客户咨询、付款截图和客户反馈能够突出你的专业性，加深顾客对你的信任。适当的海报和广告信息可以帮助顾客更好地了解你的业务内容。

例如，SPA 馆产品信息文案。

它的名字竟然让人浮想联翩！

有客户说她老公最近总是感到疲倦、乏力，问我有没有适合他的按摩油？嘻嘻……

都怪我没告诉你，这款"金戈铁马"可真是不得了！它的核心成分是茉莉、姜和肉桂，这是妥妥的滋养元气配方，关键它还能……

（欢乐的画面我就不说了，总之你懂的！）

怎么着，来一瓶送给老公？

这篇文案整体言简意赅，活泼的文字又能让人浮想联翩……

3. 成功案例

真实的成功案例具有非常强大的冲击力，它们能够潜移默化地影响人的大脑，让那些拥有共同痛点的人潜意识里认为你的产品或者服务也能解决他们的痛苦。

例如，如果你是一名心理咨询师，你可以通过分享成功案例来展示你的专业能力。描述顾客在咨询前所遭受的痛苦和难以克服的问题，以及在你的专业指导下所实现的积极转变。这样的展示不仅可以证明你的专业能力，还可以在潜在客户心中种下信任的种子。

当然，成功案例的真实性至关重要，最好是采用顾客的直接反馈，以增强可信度。因此，你应该培养随时收集这些成功案例的习惯，并妥善保存相关的截图和反馈，以便在文案中有效使用。

例如，SPA馆的日常成功案例文案。

一次裹灸，就俘获了她的芳心！

安安妈第一次来，是因为腰疼得实在受不了，她想做腰部刮痧。可能之前手术的缘故，她的腰部一直断断续续地疼。之前花了不少钱在别的地方做了刮痧的疗程，可是没好！

我当即告诉她，腰疼应该选择补，建议试试百草裹灸。没想到，安安妈体验了一次后，大呼："太舒服啦，请叫我裹灸刚需吧！"

哈哈，姐姐可真逗，咱听说过买房刚需，没想到做裹灸也有了刚需！就这样，才做了一个疗程，安安妈的腰就彻底不疼了。

这么好的项目如果你还没做过，赶紧联系我预约体验吧！

这篇文案描述了一个成功案例——安安妈的故事。一开始，她饱受腰痛之苦，但在初次体验裹灸项目后，她就喜欢上了这个项目。随后，仅仅进行了一个疗程，安安妈的腰痛问题就得到了有效缓解。

假如你朋友圈还有其他人也有同样的痛苦，也许这条文案可以激发他们对解除痛苦的渴望。

事实上，即使是在专业圈，我们也可以写出几乎没有广告味的文案，让人们看了就被催眠，情不自禁地想要购买我们的产品。

第四节

价值圈：
价值维度打造长期影响力

价值存在于我们内心深处，它融合了我们对工作的态度、对客户的服务标准、对问题的深度思考，以及个人的人生观和价值观。

在这个世界上，人与人之间最大的差别是对世界的认知不同。那些有魅力的人往往是有思想深度的人。通过输出价值圈文案，我们可以吸引同频的人，对那些愿意追随我们的人产生影响，从而建立长期的影响力。

牛人的秘诀就是这个……

这两天我没有练习写作，感觉自己的语感都退化了，果然是功不可一日不练啊。卖油翁为什么每次都能一滴不漏地把油倒进桶里？秘密就是……

无他，手熟尔！

所以，牛人之所以牛，就是日日练习，熟练了而已！

这篇朋友圈文案通过讲述对牛人之所以牛的思考，最终得出结论：持续不断地练习是取得成功的关键。这样的思考能够吸引读者，让他们感觉你是一个拥有深度思考的人。

你真的需要时间管理吗？

最近有个朋友向我抱怨说，感觉一天到晚时间都不够用，经常一天过去了，却不知道自己都做了什么。他询问我应该如何做好时间管理。

其实，我认为时间并不需要被严格管理。如果你需要时间管理，可能是因为你存在一些问题，比如经常拖延、缺乏明确的目标或者总是感到无所适从。这些问题会给你带来挫败感，让你觉得自己不够高效。

时间的秘密在于效率，而不是管理。当你提高效率时，时间就成为你的自由，而不再需要严密的管理。

这篇朋友圈文案可能会挑战一些人对时间管理的传统看法。有些人总是忙于安排紧凑的日程，试图掌控每一分钟。但他们常常感觉一天很快就过去了，却不清楚自己究竟忙了些什么，甚至怀疑自己是否浪费了生命。

我认为，时间管理的真正秘诀不在于过度控制，而在于追求效率。高效地完成任务，可以让我们感受时间的自由，而不是束缚。生命的真正价值，往往体现在那些平凡的小事中，而不是忙碌本身。

总之，通过价值圈的塑造，每个人都可以展现自己独特的个性。思想的力量不可小觑，它能够深刻地影响一个人。而当我们持续地输出自己的价值观时，我们就能创造深远且持久的影响力。

第五节

超级模板：套用就能收心收钱

通过前面的章节学习，你应该对朋友圈文案的写作框架有了清晰的认识，并且理解了朋友圈素材的多样性。现在，只需先搭好框架，再逐步填充具体内容，即可创作出既结构清晰又内容丰富的朋友圈文案了。

下面是几个朋友圈文案模板，套用就能快速上手。

1. 金句标题 + 事实描述 + 真实感悟

【金句标题】心不唤物，物不至！

【事实描述】刚刚读到稻盛和夫说的这句话，与你分享：

"如果内心不怀强烈的渴望，就无法实现心愿。"

【真实感悟】原来，幸福与变富的吸引力法则是敢于向宇宙下订单！

2. 疑问标题 + 事实描述 + 对应结尾

【疑问标题】懂了很多道理，为什么依然过不好这一生？

【事实描述】不知道你有没有发现，身边有很多"懂王"，他们貌似什么道理都明白，但是却一事无成！

【对应结尾】其实原因很简单，因为"知道"和"得到"之间，还有一个"做到"！

3. 观点标题＋摆出事实＋分析论证＋引出产品

【观点标题】不好好卸妆，只会让皮肤越来越差！

【摆出事实】很多女士发现自己脸上每隔一段时间不是长黑头、粉刺，就是有闭口。这些烦人的东西到底是怎么产生的？

【分析论证】其实，对于女人来说，每天各种护肤品、化妆品的使用必不可少。可是你知道吗？不同成分的护肤品和化妆品轮番用在脸上，如果晚上卸妆不彻底，就会造成毛孔堵塞，导致皮肤变得原来越差！

【引出产品】蓝艾菊纯天然植物卸妆油不仅能彻底卸妆，让你的面部干净清透，还能以油养肤，让你的皮肤更加滋润。珍爱每一寸肌肤，就从卸妆开始吧！

4. 催眠标题＋描述痛点＋梦想产品＋行动指令

【催眠标题】改善毛孔粗大、痘坑痘印，重拾自信的秘密！

【描述痛点】你是不是被毛孔粗大困扰很久了？油皮又缺水的你，脸上总爱起痘。每次出门，上了妆也遮不住略显粗糙的面部。看着别人细腻的皮肤，你总是羡慕不已……

【梦想产品】别着急，和你分享一个新兴的美容疗法——海藻焕肤。它利用微小的海藻针将植物提取物渗透到皮肤真皮层，让那些皮肤内部的老化物快速新陈代谢并排出体外。做上几次，你就会感觉到皮肤的改善。不管是毛孔粗大，还是烦人的痘坑痘印，这个神奇的项目通通都能搞定！

【行动指令】别等！店里的这个新项目刚刚上线，仅有5个特惠体验名额！立即联系我，占住你的体验名额！

5. 数字标题＋惊人结果＋方法秘诀＋行动指令

【数字标题】疯了！不到60分钟，实体门店精准涨粉228人！

【惊人结果】你敢相信吗？一眨眼的工夫，一堆门店周边精准粉丝冲过来加客服号……

【**方法秘诀**】偷偷告诉你，这都是因为这套互联网引流裂变技术太强大了！

【**行动指令**】想知道具体怎么做？私信回复我：流量密码。我会悄悄告诉你！

6. 好处标题 + 曾经痛苦 + 现在风光 + 行动指令

【**好处标题**】只需三滴，解决你的睡眠问题！

【**曾经痛苦**】过去她天天睡觉数羊，翻来覆去还是睡不着。

【**现在风光**】自从用了酣然助眠香薰精油，每天不到十点，眼皮就开始打颤，一沾枕头就睡着了。第二天起来精神倍儿好！

【**行动指令**】如何用酣然助眠香薰精油提高睡眠质量？点开下方链接看看！

一个"三步结构"框架（标题、内容、结尾）可以延伸出众多不同的模板。通过掌握框架，你就可以开发出无数个模板。然而，掌握模板只是开端，多行动才是成功的关键！

下一个章节，让我们来看看如何搭好框架，让故事为你代言！

第七章

故事文案

搭好框架，让故事为你代言

无论岁月如何更迭，故事的魅力都永不减退。然而，讲故事的能力并非人人皆有。对于营销人员来说，学会讲故事尤为关键。

本章将引领你搭建故事框架，学会打造故事文案，让故事为你代言。

第一节

什么是故事文案？

一位年轻人提着东西上了一辆公交车，突然，一位中年人立刻站起来给他让座。

年轻人很困惑，他忍不住问那位中年人，"大哥，你觉得我比你老吗，为什么要给我让座？"

中年人毕恭毕敬地说，"先生，我看您提着一个购物袋，上面印着沃尔玛的字样，您肯定在沃尔玛买过东西才有这个购物袋。公司教导我们，凡是顾客就是我们的上帝。所以，我必须给上帝让座。"

这则小故事虽然篇幅不长，却透露出了沃尔玛的核心哲学：顾客就是上帝。它简洁明了地传达了沃尔玛的品牌理念，无疑是一篇非常精彩的故事文案。

○ 什么是故事文案？

故事文案是一种充满故事性的文案形式，它通过讲述故事的方式来传达产品、品牌或服务的信息。这种文案类型在广告、品牌推广、宣传营销等领域广泛应用。故事能够抓住读者的心理与情感需求，从而实现品牌影响力和营销效果的显著提升。

例如，江小白在创立之初，市场对其前景并不看好。尽管有观点认为江小白推出的清香型白酒可能在某些消费者心中不如酱香型白酒受欢迎，但江小白凭借其创新的营销策略，证明了清香型白酒在市场上同样可以取得成功。

江小白通过瓶身上的文案，呈现了一系列吸引人的故事，生动描绘了适合饮酒的场景，引起了年轻人的广泛关注（图7.1）。这种策略不仅加深了消费者对品牌的情感认同，也帮助江小白在年轻群体中迅速走红，成为推动整个品牌成功发展的重要原因之一。

图　7.1

○ 故事文案的类型

常见的故事类型包括品牌故事、个人故事、产品故事、员工故事、客户故事等。不论是哪种类型的故事，其目的都是为了传递信息，并在此过程中实现销售产品、推广品牌或传递价值观的目的。

1. 品牌故事

品牌故事通过讲述品牌的历史、文化、价值观和愿景，帮助消费者深入理解品牌的核心内涵。每个知名品牌背后都有一个意义深远且具有影响力的品牌故事。这些故事可能源自品牌创始人的奋斗历程，或是品牌独特设计理念的灵感来源，或是品牌在面对行业挑战时所展现的坚韧与创新，以及品牌与消费者共同成长、共创价值的历程。

品牌故事的目的不仅是为了吸引顾客的注意力，更重要的是通过这些故事与顾客建立深层次的情感联系，从而塑造品牌的独特形象。

德芙巧克力的品牌标志（图 7.2）由字母 DOVE 变形而成，它背后隐藏着一个令人动容的爱情故事。

图　7.2

1919 年的春天，卢森堡王室迎来了夏洛特公主继承王位，同时她又嫁给了波旁家庭的后裔费利克斯王子。作为王室后厨一个帮厨莱昂忙坏了，整天都在清理碗筷和盘子，双手裂开了好多口子，当他正在用盐水擦洗伤口时，一个女孩走了过来，对他说："这样一定很疼吧？"这个女孩就是后来影响莱昂一生的芭莎公主。

两个年轻人就这样相遇了。从没有人疼爱的莱昂遇到了善良的芭莎。莱昂每当晚上就悄悄溜进厨房，为芭莎做冰淇淋，两个人总是一边品尝着冰淇淋一边谈着往事，芭莎还教会了莱昂英语。

情窦初开的甜蜜萦绕在两个年轻人的心头。不过，在那个尊卑分明的年代，由于身份和处境的特殊，他们谁都没有说出心中的爱意，只是默默地将这份感情埋在心底。

20 世纪初，为了使卢森堡在整个欧洲的地位强大起来，卢森堡和比利时订立了同盟，为了巩固两国之间的关系，王室联姻成为最好的办法，而被选中的人就是芭莎公主。

一连几天，莱昂都看不到芭莎，他心急如焚。终于在一个月后，芭莎出现在餐桌上，然而她已经瘦了一大圈了，整个人看起来很憔悴。

莱昂决定表白，在准备甜点的时候，在芭莎的冰淇淋上用热巧克力写了几个英文字母ＤＯＶＥ是"DO YOU LOVE ME"的英文缩写。他相信芭莎一定可以猜得到他的心声，然而芭莎发了很久的呆，直到热巧克力融化都没有发现莱昂的表白，几天之后，芭莎出嫁了。

一年后，忍受不了相思折磨的莱昂离开了王室后厨，带着心中的隐痛悄然来到了美国的一家高级餐厅。这里的老板非常赏识他，还把女儿许配给了莱昂。

时光的流逝，家庭安宁事业平稳，还有儿子的降生，都没能抚平莱昂心底深处的创伤。他的心事没能逃过妻子的眼睛，她的愤怒爆发了，并且愤怒地离开了。莱昂此后一直单身带着儿子，经营他的糖果店。

1946年的一天，莱昂看到自己的儿子在追一辆贩卖冰激凌的车，记忆的门顿时被撞开。自从芭莎离开之后，莱昂便再也没有做过冰激凌。这次莱昂决定继续过去没有为芭莎完成的研究。

经过几个月的精心研制，一款富含奶油且同时被香醇巧克力包裹的冰激凌问世了，并刻上了四个字母。

儿子天真地问莱昂DOVE（德芙）是什么意思。莱昂轻轻地说这是冰激凌的名字。德芙的冰激凌一推出就受到好评。

正在此时，莱昂收到一封来自卢森堡的信，信是一个同在御厨干活的伙伴写给他的，从信中莱昂得知，芭莎公主曾派人到处打听他的消息，希望他能够去看望她，但是却得知他去了美国。由于受到第二次世界大战的影响，这封信来到莱昂手里时已经整整迟到一年零三天。莱昂经历千辛万苦终于见到了芭莎公主。

芭莎和莱昂此时都已经老了，芭莎虚弱地躺在床上，曾经清波荡漾的眼睛变得灰蒙蒙的。莱昂扑在她的床前，眼泪无法自抑地滴落在她苍白的手背上。

芭莎伸出手来轻轻抚摸莱昂的头发，用近乎听不到的声音叫着莱昂的名字。芭莎回忆当时在卢森堡，她非常爱莱昂，曾以绝食拒绝联姻，她被看守一个月，她深知自己绝对不可能逃脱联姻的命运，何况莱昂并没有说过爱她，更没有任何承诺。

在那个年代，女子要同整个家庭决裂是要付出很大的代价的。最终她只能向命运妥协，但是条件是能回卢森堡再吃一次下午茶，因为她想在那里与莱昂做最后的告别，她吃了他送给她的巧克力冰激凌，看到那些融化的字母。

听到这里，莱昂泣不成声，过去的误解终于有了答案。但一切都太晚了，三天之后，芭莎离开了人世。莱昂听佣人说，芭莎嫁过来之后整日郁郁寡欢，导致她疾病缠身，得知莱昂离开卢森堡并且已经在美国结婚之后，就一病不起了。

莱昂无比悲伤，如果当年冰激凌上的热巧克力不融化，如果芭莎明白他的心声，那么她一定会改变主意和他私奔的。如果那巧克力是固定的，那些字就不会融化了，他就不会失去最后的机会。

莱昂决定制造一种固体巧克力，使其可以持久保存。经过苦心研制，香醇可口的德芙巧克力终于研制而成，每一块巧克力都被牢牢地刻上"DOVE"，莱昂以此来纪念他和芭莎错过的这段爱情，它虽然苦涩但是甜蜜，悲伤而动人，如同德芙的味道。

如今，德芙巧克力已有数十种口味，每一种爱情都能在这巧克力王国中被诠释和寄托。全世界越来越多的人爱上因爱而生、从冰激凌演变而来的德芙。当情人们送出德芙，就意味着送出了那轻声的爱意之问"DO YOU LOVE ME？"那也是创始人在提醒天下有情人，如果你爱她（他），及时让爱的人知道，并记得深深地爱，不要放弃。

资料来源：百度百科。

德芙巧克力背后的故事触及了人类共同的情感主题——爱情。

事实上，不仅德芙巧克力，许多其他知名品牌的故事也传达了人类共通的情感，如爱情、希望、梦想、专注及生命的力量等。例如：可口可乐的品牌故事体现了快乐与分享的力量；耐克的品牌故事表达了勇往直前的精神；爱彼迎（Airbnb）的品牌故事强调了连接与互助的精神。

2. 个人故事

除了品牌故事，个人故事在故事文案中也扮演着非常重要的角色。在个人 IP 觉醒的时代，几乎每个人都需要打造一个具有影响力的个人故事。这也是为什么"普通人十年励志故事"在近年来非常流行的原因之一。

个人故事通过讲述个人的成长、奋斗和独特经历，可以吸引人们的关注并激发他们对个人或品牌的兴趣。同时，个人故事对提升个人 IP 的影响力和实现变现都具有不可忽视的作用。

以褚时健和褚橙为例，褚时健跌宕起伏的个人经历对褚橙的销售起到了巨大的帮助。无论你是否购买过褚橙，相信你对褚时健的个人故事也多多少少有所了解。

想象一下，如果没有褚时健那跌宕起伏的个人故事，没有互联网大咖王石等人对褚时健从 75 岁开始种植褚橙的故事进行推波助澜，褚橙是否会得到如此广泛的认可呢？

总之，个人故事在塑造个人品牌形象、增加知名度和吸引潜在客户等方面发挥着重要的作用。优秀的个人故事，能够使个人或品牌在激烈的市场竞争中脱颖而出。

3. 产品故事

产品故事是一种通过引人入胜的故事叙述来展示和介绍产品的特点、功能和优势的方式。它能够吸引消费者的注意力，并激发他们深入了解产品的独特之处及其背后的深层意义。

优秀的产品故事能够传达产品的核心价值观和品牌理念，帮助消费者更好地理解和认同产品。它们往往围绕产品的起源、设计灵感、技术创新、制造过程和品质保证等要素展开。

一个精彩的产品故事可能聚焦于产品开发的某个方面，如一个创新技术的应用，或者一个设计灵感的来源，来展现产品的独特价值，关键在于找到能与消费者产生共鸣的点，无论是通过一个感人的起源故事，还是通过展现产品在日常生活中的实际应用。

产品故事是品牌传播和市场营销的重要手段。深入挖掘产品的特色和故事的独特性，可以有效引起消费者的共鸣和认同，从而增强品牌忠诚度和提升消费者的购买意愿。

4. 员工故事

在营销领域中，讲述员工故事是与顾客建立情感联系的一种有效方法。通过讲述员工的故事，企业可以向顾客传递丰富的信息，拉近与消费者的情感距离，并让顾客感受到企业是一个充满温暖的场所，而非冷冰冰的工厂。

我曾经听说过一段关于海底捞的故事。一位顾客从海底捞门口经过时，看到对面有人打架。这位顾客便在门口停下来，想看看怎么回事。海底捞的员工见到后，马上给他搬来一把椅子，让他坐下来看，并对他说："您稍等，我们已经派人去对面打听了，了解他们为什么打架。"

这个故事非常有趣，甚至被人们当成了段子传播开来。它展示了海底捞员工对顾客的关心和周到服务，为顾客提供了与众不同的待遇和体验。这个故事不仅仅是一个段子，更是海底捞品牌形象中一个充满温情和关怀的元素。

接下来，让我们来欣赏一则朋友圈的员工故事文案。

想约姜姜的，赶快来！

前几天有几位顾客想约姜姜，没想到那两天她被顾客安排得满满当当的。谁让大家都这么喜欢她呢！

其实，很多人不知道的是，她不仅手法好，还是个风趣幽默的人，简直堪称段子手，常常有顾客被她逗得合不拢嘴，而且……

她还是闲不住的一个人，总是有用不完的活力，这不，上午没人约，就又开始蹦跶了（疯狂跳操中）……

来来来，你还不赶快抱住人见人爱、花见花开的姜姜小姐！

这篇文案以简短的文字勾勒出一个风趣幽默且专业能力强的技师形象。最后，文案以幽默而不失调侃的方式促使顾客预约服务。整篇文案言简意赅，既强调了技师的受欢迎和紧俏程度又增加了阅读的趣味性。

5. 客户故事

客户故事是基于客户对某个产品或服务的使用体验和感受的叙述。讲述客户故事的目的是通过客户的亲身经历，向其他潜在客户传递产品或服务的价值和优势。

客户故事文案的创意可以涵盖多个方面，例如客户如何在你的帮助下克服挑战、产品或服务如何改变客户的生活、客户与你合作并见证你的成长，以及原本不太可能成为品牌粉丝的人如何成为你的客户。

客户故事的核心在于聚焦客户体验，突出展示他们如何因使用你的产品而获得收益，而非让产品本身成为故事的中心。

以上五种故事文案比较常见，是学习故事文案写作应该重点掌握的类型。

○ 故事的魅力

我们上学时，如果一位老师总是照本宣科，第一天讲教学大纲，第二天讲方程式，第三天讲教辅内容，学生们通常不会喜欢。因为这种教学方式很枯燥和乏味。

然而，如果一位老师能够把道理融入故事中，用故事演绎知识，学生们通常都会喜欢听。这就好像，当你说"我给你讲个道理"的时候，没有人愿意听。但是，当你说"我给你分享个故事"时，大家都会迫不及待地把耳朵凑过来。

"故事"这个词非常神奇，它具有巨大的魔力，即使是那些昏昏欲睡、无精打采的人，一听到"故事"这两个字也会立刻变得兴奋起来。

那么，在营销中，故事到底有哪些魅力呢？

我们都熟知云南地区著名的过桥米线。在许多售卖云南过桥米线的餐厅的墙上经常会贴着一幅画，展示着过桥米线的传说故事。这样的装饰画不禁让顾客联想到过桥米线是云南最具知名度和口碑的美食之一。

然而，据说云南最好吃的米线是小锅米线，但是由于小锅米线没有过桥米线这样经典流传的故事，所以一直不如过桥米线知名，卖价甚至无法超过过桥米线。

你看，故事的魅力就是这么大！一段经典流传的故事可以造就一个产品长久不衰，甚至让它有了区别于同质化产品的溢价空间。

在营销中，故事是最能攻心的一个利器。故事可以越过人的大脑防火墙，不知不觉地影响人的潜意识。

当一个人听故事时，潜意识阀门会打开，他会被故事中的情节和情绪感染，进而在心中形成深刻的印象和画面。在不知不觉中，他会接受故事想要传达的观点，而且他的大脑会认为这是他自己得出的结论，不是别人强加给他的。

以销售减肥茶为例。如果直接告诉客户产品的优点，客户可能会产生质疑，认为你只想赚他们的钱。但是，如果你讲述一个自己的故事，比如你曾经很胖，情绪低落，尝试节食和运动却减肥失败。直到遇到了这款减肥茶，你喝了几个月，即便不运动、不节食，也成功从140斤减到了100斤，这样的叙述方式会让客户有完全不同的感受。他们会自动脑补你故事中的画面，更容易产生共鸣。

因为在你的故事中，客户可以看到自己的影子。他们会不自觉地将自己代入你的故事，受故事的影响，相信产品也能帮助他们实现减肥的梦想。

如果你持续分享更多客户的见证故事，可以逐步加深对潜在客户的情感影响，从而更有效地推广你的产品。

故事拥有将"你想卖"转变为"他想买"的神奇力量。通过精心设计的故事，可以串联起从吸引顾客注意力到最终促成交易的各个环节。

在营销的世界里，故事能够悄无声息地将你的想法植入他人的大脑，并促使他们采取行动。这意味着每个营销人员都要掌握讲故事的技巧，将自己的经历和产品紧密联系起来，通过故事与目标顾客建立情感上的联系，让他们了解你、信任你，并最终愿意购买你的产品。

乔布斯曾经说过，在这个世界上，最有影响力的人就是会讲故事的人。故事的力量无处不在。无论是品牌传播、市场营销还是文案创作，都需要善于运用故事来吸引和影响目标受众。

现在你一定想知道什么样的故事才是好故事。那么，就让我们一起来看看好的故事文案应该符合哪些标准吧！

赶快翻页，看下一小节……

第二节

好故事文案的四大标准

故事文案与小说故事不同，它具有特定的目的性，因此具有自己的独特性。所以，不能仅以小说故事的标准来评价故事文案的好坏。

通过对故事文案的研究和理解，总结出了四个评估故事文案好坏的标准：清晰性、关联性、共鸣性和传播性。

1. 清晰性

清晰是判断故事文案好坏的第一个标准。好的故事文案应该清晰明了，能够让读者一目了然地理解其中的信息和意图。

很多人在撰写故事文案时存在一些常见问题，比如，过度堆砌素材而缺乏明确的观点，或者逻辑混乱导致读者难以理解。这样的故事文案不仅浪费了宝贵的素材资源，还无法有效传达信息。

无论是哪种形式的故事文案，是否具有清晰性都是重要的衡量标准。

好的故事文案需要有一个明确的观点，让读者清楚地知道你要传达的内容和表达的目的。同时，逻辑的清晰性也非常重要。当你试图通过故事来影响消费者时，你必须确保你的逻辑是清晰的。如果逻辑不清晰，就无法准确地传达信息。读者可能会陷入困惑，甚至失去兴趣，更不用说进行购买了。

2. 关联性

关联性是判断故事文案好坏的第二个标准。好的故事文案应该与相关产品或服务紧密关联。

有些故事文案很精彩，可是消费者就是不买账，极大的原因就是故事和产品缺乏相关性。

无论多么引人入胜的故事文案，如果只让人们沉浸在故事中，而忽略了品牌或产品的存在，那么故事文案就失去了意义。

确保故事与产品或服务紧密关联，并符合目标消费群体的喜好，才能有效地促使消费者下单。

3. 共鸣性

共鸣性是判断故事文案好坏的第三个标准。好的文案故事应使读者在故事情境中找到共鸣，与角色建立情感联系。这种情感共鸣有助于在读者心中培养对品牌或产品的信赖和认可，进而影响他们的购买选择，促使他们购买你的产品。

本书第四章提到的"多么美好的一天，我却看不见"的盲人故事，就是一个可以引发共鸣的例子。

4. 传播性

传播性是评判故事文案好坏的第四个标准。一个好的故事文案要易于传播，激发人们的分享欲望。这种传播力能够迅速扩大故事的影响力，进而提升品牌的知名度和曝光度。

正如前文提到的海底捞的故事，它就是一个很好的例证。这样的故事被当作段子来分享，它不仅增强了品牌的好感度和亲和力，而且通过情感上的连接，使得更多的人愿意去海底捞消费。

还有一些高级的品牌故事甚至被改编成电影，如《穿普拉达的女王》

《蒂凡尼的早餐》和《可可·香奈儿》等。这些故事的传播不仅赋予了品牌独特的形象和个性，而且吸引更多的人去探索和深入了解这些品牌。

　　当然，大多数人开始创立品牌的时候，不见得一开始就能有一个易传播的好故事，但是这不妨碍以易于传播作为创作故事文案的一个标准。你可以积累素材、积攒力量，也许有一天，那个家喻户晓的故事就来自你的品牌……

　　接下来，就来发掘如何搭个框架，让好故事脱口而出吧！

第三节

掌握四个框架，好故事脱口而出

在之前的章节中，我们已经明确了框架的重要性。框架不仅能帮助我们理解事物的本质，还能提高效率、规避风险。同时，框架也能影响人的行为。

学习故事文案也需要我们理解和把握其本质。只有掌握好故事框架，我们才能轻松地创作出引人入胜的故事，并达到预期效果。

在这里，故事框架指的是故事的结构，也就是由几个关键词串联起来的核心词语。

第五章所提到的文案框架同样适用于故事文案。例如，"三步结构"，在故事文案中被称为"三幕结构"。

这个框架可以视为故事的"元结构"，它可以帮助我们构建一个吸引人的故事，并确保故事结构的完整性。许多故事都是在这个元结构的基础上进行创编的。

1.三幕结构

三幕结构是一种常见的叙事和故事策划结构，在文学和影视剧中被广泛应用。它是由开头（第一幕）、中间（第二幕）和结尾（第三幕）组成的结构。

第一幕：故事引入。设定故事背景和人物角色，给观众一种貌似不太平静，且面临一定问题的感觉，将观众代入故事和角色。

第二幕：展现冲突。通过不断的剧情冲突，展现主角面临的问题以及需要克服的困难。这一幕让观众的情感不断投入，随着剧情发展跌宕起伏逐渐走向高潮。

第三幕：迎来结局。主角历经艰辛战胜困难，或者主人公内心经历激烈斗争战胜了自己，结束冲突。这一幕给观众以终结感，或者让观众感受另一场风暴正在酝酿，期待故事的后续发展。

例如，在豆瓣评分 9.1 的电影《怦然心动》中，故事按照三幕结构展开。

第一幕：故事引入。男孩布莱斯一家搬到小镇，他邂逅了邻居女孩朱莉，朱莉对他一见钟情，但布莱斯却避之不及。这一部分设定了故事的背景和人物角色，给观众呈现了两个主要角色之间的距离，引发观众的好奇心和期待。

第二幕：展现冲突。布莱斯和朱莉成了同班同学，朱莉希望能获得布莱斯的吻，但布莱斯却处处逃避，甚至扔掉了朱莉送给他的鸡蛋，两个人的关系跌入冰点。这一部分通过展示两个主要角色之间的矛盾和冲突，让观众投入跌宕起伏的剧情中，从而引发观众的情感共鸣。

第三幕：迎来结局。布莱斯最终认识到了朱莉的勇敢、勤劳和恪守自尊的品质，他开始对朱莉心动。这一部分解决了故事的冲突，展示了布莱斯的成长和两个主要角色之间关系的改变，给观众带来满足感。

掌握三幕结构后，我们可以根据这一框架创作出各种类型的故事。

（1）凡人逆袭的故事：糟糕状态＋偶然转机＋美好状态。

第一幕：糟糕状态。主人公在生活中遭遇各种困境和挫折，陷入了糟糕的处境，几乎无路可走。

第二幕：偶然转机。主人公遇见了贵人或者发现了一个秘籍。通过这个转机，主人公的状况开始有所改变。

第三幕：美好状态。主人公经过蜕变，终于出人头地，或者实现了自己的梦想，达到了美好的状态。

例如：

在三年前那段昏暗无光的日子里，贾晓莉的世界被产后的困境所笼罩——失业的阴影、债务的重压，以及抑郁的阴霾，几乎将她推至绝望的边缘。

每当她凝视着孩子纯真的眼眸，心中便涌起无尽的痛苦与自责，因为她连稍微好一些的奶粉都买不起。生活的重担如同一座座无形的山峰，压得她喘不过气来，她感到自己仿佛被困在一片伸手不见五指的黑暗森林，四处寻找，却找不到出口。

就在她几近绝望时，命运的转机悄然降临。贾晓丽偶然在网上看到了一本名为《赚钱就这么简单》的书，这本书彻底颠覆了她的认知。她发现这本书充满了智慧和干货，教人如何发现机会、如何赚钱、如何改变命运。

贾晓莉的内心开始沸腾，书中的每一个案例、每一个故事，都激发了她改变现状的勇气与决心。她仿佛看到了曙光，看到了为自己和孩子创造美好未来的可能。于是，她毫不迟疑地投入学习，即使在照顾孩子的间隙，她也不忘汲取书中的知识和技能。

终于，凭借从书中获得的灵感与启发，贾晓莉在网上开设了一家儿童玩具店。她运用书中的知识和技巧，以零风险承诺的策略，勇敢地迈出了创业的第一步。而这一步，竟在第一个月就为她带来了 3.8 万元的净收入！

自此，贾晓莉的生活彻底改变。她的店铺生意兴隆，订单不断。每天，听着订单的叮咚声，她的心中充满了前所未有的喜悦与满足。

（2）发现宝藏的故事：困扰状态＋遇见产品＋传播价值。

第一幕：困扰状态。一个普通人被某种痛苦困扰着，他感到迷茫无助，渴望找到一个改变的机会。

第二幕：遇见产品。机缘巧合下，主人公遇到了一款好产品。这个产品为主人公提供了新的方向或解决方案。

第三幕：传播价值。主人公通过使用这个产品受益匪浅，他感到有义务将这个价值传播给他人。

例如：

2010 年，我因为对葎草过敏而患上了严重的过敏性鼻炎。从那时起，我的生活陷入了一片混乱。每天早上起来，我都被连续不断的喷嚏和鼻涕眼泪困扰，头晕脑涨，生活质量严重下降。尽管我尝试了各种方法，但过敏性鼻炎仍然像一个挥之不去的噩梦，让我感到绝望。

更可怕的是，在协和医院的一次脱敏治疗中，我由于打针产生了休克，差点丧命。这次经历让我深刻意识到，传统的脱敏治疗并不适合我。

就在我几乎放弃希望的时候，一个偶然的机会，我听说一个老中医的鼻炎膏可以治疗过敏性鼻炎。起初，我对这个消息半信半疑，毕竟连协和医院都束手无策，一个小小的鼻炎膏真的能给我带来奇迹吗？

然而，随着秋季花粉期的到来，我的鼻炎再次发作，我决定放手一搏，去拜访这位老中医。我根据地址来到了北京郊区一个古色古香的院落，找到了那位老中医。值得一提的是，他的祖上曾是皇帝的御医，这让我对这位老中医的秘方充满了期待。

拿到鼻炎膏后，我开始按照老中医的指导使用。起初几天，我没有感到太大的变化，但坚持用了两盒后，奇迹发生了。我的鼻子变得异常通畅，即使在花粉肆虐的季节，我也不再感到那么难受了。

这个小小的鼻炎膏解决了困扰我多年的问题，真是让我惊喜万分！

然而，每当我想起那些还在受过敏性鼻炎折磨的人们，内心便充满了同情。何不将这份价值传播出去，让更多的人受益呢？！

我开始在社交媒体上分享我的经历，向朋友们推荐这款鼻炎膏。很快，我的分享引起了一些人的关注，许多同样受鼻炎困扰的人开始尝试这款产品，并纷纷反馈他们的积极体验。

口碑就这样传开了……

（3）开发产品的故事：痛苦状态＋开发产品＋成功结果。

第一幕：痛苦状态。一个普通人处于痛苦状态，他渴望找到一种解决方案，以改变现状、摆脱困境。

第二幕：开发产品。主人公偶然转念，决定开发一款好产品来解决问题。

第三幕：成功结果。经过不懈的努力和多次尝试，主人公最终成功开发出一款能够解决问题的产品。

例如：

2010年，我因为对葎草花粉过敏，患上了严重的过敏性鼻炎。每天清晨，我都在喷嚏和泪水中挣扎，过敏性鼻炎让我的世界变得灰暗。尽管我尝试了很多方法，但没有得到任何改善。

听说脱敏治疗可以彻底治愈鼻炎，我满怀希望地接受了脱敏治疗。然而，一次治疗中，脱敏针引起了我严重的过敏性休克。幸运的是，抢救及时，我保住了性命。

这次经历让我意识到，脱敏治疗对我来说风险太大，不能再继续了。这可怎么办呢？

就在我几乎绝望，以为过敏性鼻炎将伴随我一生时，一个偶然的机会，在和一个从事研发工作的朋友交流中，我无意间得知了一个令人兴奋的消息：脱敏针的药液与精油一样，都是从植物中提取的！

这个发现为我打开了一扇通往新大陆的门，让我无比振奋。精油可以通过吸入和按摩的方式使用，不仅减少了注射的痛苦，还避免了可能引发的休克风险。

天啊，这也太棒了！为何不尝试用精油来治疗鼻炎呢？

由于之前的休克经历，我对任何治疗方法都保持着谨慎的态度。只有自己完全了解的东西，才能放心使用。于是，我报名参加了北京一家专业的芳香治疗机构的培训，全面学习了芳香疗法并获得了专业证书。

从那时起，我踏上了一条寻找治愈之道的旅程。

起初，我对精油的了解仅限于它们迷人的香气，但很快，我便被这些植物精华的深层力量所吸引。我决心要揭开它们的神秘面纱，探索它们的疗愈力。

从识别各种植物的特性到理解精油的化学成分，每一个新发现都像是一块拼图，逐渐拼凑出精油的完整图景。然而，调配精油并非易事，它需要精确的比例、对香气的敏感度，以及对疗效的深刻理解。

我的实验台很快就堆满了各种瓶瓶罐罐，记录本上写满了配方和笔记。起初，我调配出的精油要么太过刺激，要么效果平平。每一次失败都让人沮丧，但我没有放弃。我反复试验，不断调整配方，尝试各种新的组合。

终于，经过无数次的失败和调整，我调配出了这款精油鼻炎膏。它恰到好处地平衡了疗效与香气。

从植物身上寻找答案，这一点我做对了！这款精油鼻炎膏以其独特的配方和纯天然的成分为我带来了惊人的改变，我的鼻炎症状得到了显著改善，缓解了鼻塞、打喷嚏和黏液过多的不适。更重要的是，它带给我心灵上的放松和舒缓。

现在，即使在花粉季节，我也不再害怕那些触发我过敏的葎草花粉了。我可以自由地出门散步、与朋友相聚，尽情享受生活的每一个美好时刻……

（4）客户见证的故事：痛苦状态＋试用产品＋实现梦想。

有一位客户长期饱受鼻炎之苦，经历了无数的痛苦折磨。他一直渴望解决鼻炎问题。尝试了各种方法，但问题始终得不到解决。甚至有一次，他因为鼻炎脱敏治疗差点丧命。

然而，命运的巧合让他知道了"××鼻炎膏"这款产品。虽然他起初并不太相信这个产品会有什么效果，但是抱着试试看的态度，他开始使用"××鼻炎膏"。

令人惊喜的是，这款产品竟然奇迹般地缓解了他多年以来的鼻炎问题。他再也不必忍受过敏带来的痛苦，重新获得了舒适的呼吸和健康的生活。

（5）东山再起故事：成功过往＋跌入谷底＋东山再起。

一个人（也可以是自己），当初风光无限，赚了很多钱，他感觉人生极其美好，亲朋好友无不羡慕。

但是，由于某些原因或者意外的发生，他的生意一落千丈，变得身无分文甚至负债累累，前途黯淡无光，跌入了人生谷底。

最后，他重新振作起来，重建了生意，偿还了债务，重拾了信心和动力。最终扭转乾坤，反败为胜，东山再起！

除了上面这几个故事模板，三幕结构还可以衍生出无数个故事模板。想一想曾经看过的电影，尽管它们带给你不同的感受，但是归根到底，这些故事基本都是基于三幕结构而构建的。

相比使用模板，理解故事的框架才是掌握讲故事的核心本领。一旦掌握了故事框架，我们就能随时创造出许多新的故事模板。

在三幕结构中，我们需要特别关注故事中的冲突，因为冲突是构成故事的核心要素。另外，第二幕往往要体现"偶然的"那种感觉，如果一切顺理成章，那就不叫故事了。

2. 梦想之旅故事结构

梦想之旅的故事结构包含了七个关键元素：目标、阻碍、努力、结果、意外、转折和结局。

许荣哲在《故事课》中提到，所谓故事的公式，其实就是问自己"七个问题"。

目标：主人公的目标是什么？

阻碍：他的阻碍是什么？

努力：他如何努力？

结果：结果如何？（通常是不好的结果）

意外：结果不理想，代表努力无效，那么，超越努力的"意外"可以改变这一切吗？

转弯：意外发生，情节会如何转弯？

结局：最后的结局是什么？

梦想之旅的故事结构对于讲述个人故事来说具有很好的组织性。下面，我们来看邓亚萍的故事。

邓亚萍5岁时，站在乒乓球台前，刚刚能露出一个脑袋。父亲在她脚底垫上一块木板，她才将将能挥动着球拍练习。那时，她小小的身体中藏着一个大大的梦想："等我长大了，我要拿世界冠军，为国争光。"（目标）

5年后，邓亚萍在全国业余体校分区赛中获得单打冠军，由此换来了去省队集训的机会。她满心欢喜地以为自己登上了一个新的台阶，却不知这只是命运开的一个玩笑。在河南省队没练习几天，教练就让她的父亲把她领回去，冷冰冰地说："她太矮了，没有任何培养的价值。"（阻碍）

好在梦想的大门给她留了一道缝隙。父亲在省队当教练时的学生李凤朝，正在组建郑州市乒乓球队，看中了她这股不服输的劲头，将她收入队中。

先天不足，只能靠后天补拙。接下来，就是拼了命地练习。解决身高不足的唯一方法就是，跑得更快。邓亚萍拿上铁制的球拍，腿上绑着沙袋，身上穿着沙衣，每天负重30斤训练。一练就是十多个小时，练到鞋子能倒出水为止。每当她卸完装备，她感觉，自己都可以飞了。正如她所言，她真的飞了起来。（努力）

此后，邓亚萍连续3年独揽少年赛的单打冠军。在全国乒乓球锦标赛来临之前，河南省队不得不弯下腰，请回邓亚萍代表河南队参加比赛。邓亚萍积攒了3年的怨气，在这一刻，终于扬眉吐气。最后，邓亚萍代表河南队不仅拿下团体冠军，还夺得女单冠军。那一年的邓亚萍，仅仅13岁。（结果）

当她天真地以为能顺理成章地进入国家队时，现实的一记重锤又朝她重重砸下来。邓亚萍再次因为个子矮被国家队拒之门外。（意外）

看着弱于自己的队员一个个顺利进入国家队，只有自己被剩下，邓亚萍十分不理解："为什么国家队的门槛，偏偏对邓亚萍这么高？"

幸运的是，这匹千里马，遇到了伯乐。国家队女队教练张燮林一眼就看出邓亚萍是个好苗子。为了让邓亚萍进队，国家队的教练组一共召开了3次

讨论会。最终张燮林把邓亚萍带进了国家队。（转弯）

1989 年，进国家队只有 4 个月的邓亚萍，参加了第 40 届世乒赛。她和乔红合作，赢得女双金牌。

11 年了，这是她人生中的第一个世界冠军。

这一年，她 16 岁。（结局）

资料来源：公众号视觉志 . 国乒今晚夺冠！邓亚萍"狂"得好 .

https://mp.weixin.qq.com/s/-uzChJl6bZzjv8zpl95w0w.

《国乒今晚夺冠！邓亚萍"狂"得好》这篇文章巧妙地融会了 7 个元素，情节曲折跌宕、引人入胜，展现了令人惊叹的精彩故事。

梦想之旅的故事结构非常适合创作个人故事。遵循这个框架，精心组织内容并逐步添加所需元素，就可以打造一篇引人入胜的个人故事。

实际上，从梦想之旅的故事结构中可以衍生出两个简洁的故事结构，即"努力者故事结构"和"意外者故事结构"。

（1）努力者故事结构：目标、阻碍、努力、结果。

努力者的故事结构通常是这样的：主人公面临着一个艰巨的目标，但现实中却充满了阻碍和困难。为了实现梦想或克服困难，主人公付出了极大的努力，最终成功实现了自己的目标。

（2）意外者故事结构：目标、意外、转弯、结局。

意外者的故事充满了无法预料的情节和转折，与努力者的故事有所不同。在意外者的故事中，主人公同样拥有一个明确的目标，但是在追逐梦想的过程中，他遭遇了让他无法预料的情况。这个意外打乱了他原本的计划，使他转弯，去追寻新的机遇与价值，并且实现了新的目标。

努力者和意外者的目标相同，但他们的故事结构有所不同。努力者持续在一个方向深入努力，最终取得成功；而意外者则是在水平方向上努力，转到了另一个领域，并在那个领域上取得了成功。

例如，我有一个目标是成为小说家。在采用"努力者故事结构"时，我会重点描绘在追梦旅程中遭遇的挑战（如初期写作技巧的生涩、频繁遭遇退稿等），以及我为了突破这些障碍所付出的努力（比如勤奋阅读、向资深小说家学习、坚持在网上连载自己的作品等），最终，我成为一名备受认可的小说家，梦想成真。

相比之下，如果采用"意外者故事结构"，尽管我依然以成为小说家为目标，但某个意外的转折却引导我走上了非虚构写作的道路。故事的展开如下。

一直以来，我怀揣着一个梦想，那就是成为一名小说家。我自认为有点文采，偶尔在网络上发表一些作品，收到了一些点赞和评论，甚至有人夸我写得不错。然而，要成为一名真正的小说家，我似乎还差了一大截……

没想到的是，有一天，我儿子的语文老师突然找到了我，她对我说："我经常看你的朋友圈，你写的东西很不错啊，为什么不给孩子一些指导呢？你儿子写的每篇作文都像是流水账一样。我已经多次在课堂上教了如何写作文，可他似乎始终不明白。"

被老师这样直言不讳地批评，我心里感到一阵不舒服，于是我找来孩子，想了解一下情况。果然如老师所言，都上三年级了，我儿子的作文还停留在简单记录事情发生的流水账阶段。

于是，我开始静下心来，仔细思考孩子为什么总是把作文写成流水账。我发现，他根本不了解作文的结构，对整篇文章没有一个清晰的框架概念，头绪纷乱得像一团糨糊。

我决定从作文的谋篇布局开始，给孩子讲解作文的结构和技巧。万万没想到，只是简单一次的讲解（仅仅花了 10 分钟），孩子就奇迹般地领悟了。他迅速写下了一篇《吃火锅》的作文，第二天就得到了老师的表扬和鼓励。

这件事给了我很大的触动。

身边总是有很多创业的朋友向我诉说他们的困惑：不擅长文案写作，不知道如何下笔，写出来的东西索然无味，更不要说写出一发出去就能收钱的文案了！这让我想到了我儿子写作文的困难，似乎有着共通之处。我意识到，我可以运用自己的知识帮助身边那些不懂得文案写作的人。

我将自己的经验总结成了一本书。我相信，只要学会运用框架思维看待问题，了解正确的框架和技巧，每个人都能写出引人入胜的文案。再结合营销和人性的知识，文案的威力就会变得巨大无比。

就这样，我完成了《框架文案》的创作。没想到我写的第一本书就受到清华大学出版社的青睐，直接邀约我出版。后来，我又陆续开始创作《框架写书》《认知框架》等一系列书籍……

无论是梦想之旅的故事结构，还是衍生出的努力者和意外者故事结构，故事的起点都是"目标"这个元素。值得注意的是，开篇通常从一个普通人拥有一个伟大的梦想展开，这样才会有故事的感觉。

3. SCQA 结构

SCQA 结构在创作故事文案方面同样适用。它可以帮助我们有条不紊地构建故事，确保故事的起承转合自然流畅。

我们通过以下步骤来运用这个框架。

（S）描绘情境，描述一个普通人的背景和梦想。

（C）引入冲突，制造紧张和挑战，使故事更加引人入胜。

（Q）提出问题，激发读者的好奇心和思考，让他们渴望找到答案。

（A）给出答案，解决故事中的问题，并给出令人满意的答案。

还记得前文提到的"多么美好的一天，我却看不见"这则小故事吗？让我们一起来分析一下这个故事的结构。

（S）：一位盲人坐在路边，旁边的牌子上写着"我是盲人，请帮助我"。他期待着别人能施舍一些钱，然而很少有人理会他。

（C）：一位女士经过，只是将牌子翻过来重新写了一句话，就吸引了大量路人关注，他们纷纷驻足并慷慨解囊。

（Q）：到底写的是什么呢？威力这么大！

（A）：答案是："多么美好的一天，我却看不见！"

现在，你是否感到恍然大悟？原来一则简单的故事，却有如此经典的结构！

事实上，SCQA结构是一个非常有魔力的结构。现在，请你回忆一下本章开篇《给上帝让座》的小故事，你是否发现它也使用了这种经典结构呢？

4. 钻石结构

在营销中，讲好客户故事和产品故事都至关重要。《结构演讲力》一书提出的钻石结构，不仅可以用来构建引人入胜的客户故事，还能用来叙述那些在经历多次尝试和失败后，最终成功研发产品的故事。

钻石结构包含八个元素，即情境、冲突、渴望、尝试、结果、意外、再尝试、结局，如图7.3所示。

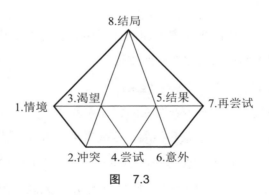

图 7.3

下面举例说明这个结构在文案创作中的运用。

情境： 小美是一家公司的财务总监，她的业务能力很强，带领着一个十多人的团队。由于经常代表公司参加会议，形象管理对小美来说非常重要。

冲突： 然而，长期的压力导致她饮食不规律，常常暴饮暴食，结果体重大增，身体状态也变得不佳。

渴望： 每每看到镜子里那个圆润的自己，小美的心里就充满了焦虑和烦恼。作为一名财务总监，她一直注重形象和形态，渴望能够拥有纤细的身材，穿上时尚而适合的职业装。然而，现实却将她困在这个略显丰满的身体中，让她感到无比的挫败。

尝试： 听说辟谷减肥比较有效，小美在一次闲暇时上网搜索到一个线上的辟谷训练营。她迅速决定报名并付款开始学习。

结果： 没想到这样的课程听起来挺有道理，但是在经历了一番实践操作之后，她差点因为饥饿而晕倒。更糟糕的是，断食反而让她的胃感到疼痛和不适，恢复正常饮食后体重反而增加了5斤。

意外： 在一次聚餐时，小美向她的好友圆圆抱怨道："唉，圆圆，我真的受够了！我想减肥，可是每次都失败了。我听说辟谷减肥挺有效的，就参加了一个线上的辟谷训练营。可是安排的操作太极端了，我差点饿晕。最可气的是，复食后我体重竟然还增加了5斤！"

正当小美陷入困惑之时，圆圆突然兴奋地说："等一下，小美！我刚好有个亲戚参加过一个辟谷课程，效果非常不错。"

圆圆立即联系了她的亲戚，向小美推荐了一位名叫××的老师。亲戚说，这位老师专注于辟谷长达30年，拥有丰富的知识和经验。并且，这位老师还与许多知名辟谷和轻断食协会进行过深入交流，深受行业内人士的认可和推崇。

再尝试： 听到这些，小美对这位老师产生了很大的兴趣。她半信半疑地联系了这位老师，惊喜地发现他确实与众不同。这位老师不仅对辟谷有着深刻的认识，还提供一对一的指导服务，确保学生能够在减肥过程中得到专业和个性化的指导。他的教学方法非常系统。小美决定豁出去，再次尝试辟谷减肥。

结局： 在老师的专业指导下，小美顺利完成了7天辟谷计划，成功减重10斤。

从这个例子中我们可以看出，使用钻石结构可以生动地讲述客户的故事，并通过与竞品的对比，突出自身产品优势。

同时，这个结构也适用于编写产品研发的故事。故事可以从情境出发，描述遇到的问题。主人公渴望通过研发产品解决这个问题，于是不断尝试各种办法，但结果都没有成功。然而，意外的启发促使他再次尝试新的方法，最终开发出新的产品，并取得了巨大的成功。

本章介绍的这四个故事结构都是广泛适用的叙事框架，适用于各种类型的故事文案创作。

然而，仅仅了解这些框架是远远不够的。你需要通过实践和训练，举一反三，深入掌握撰写故事文案的技巧。同时，你还要不断积累和提炼更多的故事文案框架，拓宽自己的创作思路。

期待你能够灵活运用这些故事框架，随时随地用故事打动人心！

第八章

收钱文案

框架式成交，轻松实现文案变现

下笔收钱是每一位文案创作者最大的梦想，那么如何写出一发出去就可以收钱的成交文案呢？

本章将带你深入探索框架式成交文案的秘密，并且分别从朋友圈短文案和销售信长文案两个方面，为你解析收钱文案的秘密，让你成为真正的文案高手……

第一节

如何用文案撬动营销业绩？

一些学习文案的朋友总是非常困惑：为什么有些人的文案发出去就能收到钱，自己写的文案发出去却没有太大效果呢？其实，写不好收钱文案的朋友，通常是还没有掌握成交背后的基本原理。

如果你想通过文案收钱，就必须明白，文案发出就收钱是有前提条件的。首先，你必须有粉丝、有培育、有诱饵、有布局。

如果你没有粉丝，那么你的文案给谁看呢？可能你需要做的是引流而不是想着收钱。

当你有了一定数量的粉丝，如果你不能持续输出价值或缺乏与粉丝的有效互动，那么你的文案也不可能持续实现收钱。

当你有了粉丝并且进行了适当的培育，你还需要设计诱饵，用顾客好奇和想要的（高价值、低成本）东西当作你的诱饵，你才能在文案的进展中游刃有余。

当你的诱饵设计好了，你需要的就是多米诺似的布局。你要运用框架思维，设定明确的目标，分解营销路径，添加适当的元素内容，最终实现闭环成交。

接下来，以实体SPA馆为例，展示如何用朋友圈文案撬动全店营销业绩。

在2022年十一国庆节前夕，SPA馆计划推出一个全新的高价（688元/

次）SPA 项目，以带动 10 月的业绩增长。然而，却面临几个关键问题：

首先，如何快速且有效地将这个高价新项目推向市场，并引起大量好评，从而持续带来高额的业绩？

其次，如何成功激发潜在客户的兴趣，将店员都没有信心推广的新项目，打造成店内甚至当地的网红项目？

最后，考虑到大多数人因疫情而不愿意出门消费，如何通过一则招募文案，吸引源源不断的顾客到店消费？

事实上，这次营销活动成功的关键在于运用框架思维和巧妙的文案布局。在整个营销过程中，文案发挥着至关重要的作用。

1. 启动阶段

朋友圈发布的消息如下（图 8.1）。

（1）招募体验官，一年了就这一次机会，千万别错过！

这个月初，薄荷老师把她在北京的拿手手法，在店里做了一个全新的升级培训（我敢保证全天津只有我们家有这个技术），开发了两款全新的 SPA，90 分钟的帝王侧卧 / 贵妃侧卧（光听名字就够霸气了，对吗）。

一个资深 SPA 爱好者说过，即使是在北京、上海这样的大城市，99% 的人都没有体验过帝王侧卧 / 贵妃侧卧，更不知道它对健康的重要性，只有做过的人才明白。

今天，我们开始对外招募体验官，来感受下这个高级的 SPA，店内定价688 元，现在只需要 99 元就可以体验了，而且还会回馈给您一个价值 100 元的礼品。

这样的机会肯定人人都想要，你动作一定要快，请立刻联系我抢占名额！

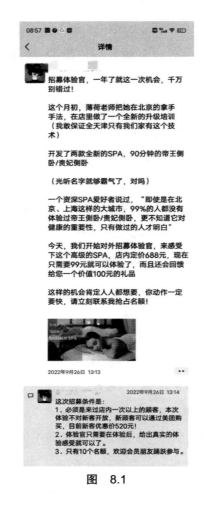

图 8.1

朋友圈滚动发布。

（2）为什么你需要了解帝王侧卧/贵妃侧卧这个项目？

做了那么多年的身体SPA，你不知道的秘密还有很多，这个项目最大的好处就是可以疏通肝胆经络。侧卧SPA是调节人身体阴阳平衡的最好的方法，它能帮助你真正地改善气血循环。

活动真香，名额少量剩余，赶快来！

（3）天呀！99元体验价值688元的项目，还送一份礼物！

好几个老顾客都说没想到还有这样的好机会。为了推行新项目，我们是真诚回馈您哦！

最多的爱，送给最爱的你！人与人之间最开心的事情，就是连接到彼此同频的人。我开店，你爱来，就是对我最好的鼓励！

谢谢老朋友捧场！

然后，朋友圈滚动发咨询截图、付款记录，直到体验名额已满截止。

（4）你的支持，是我们前进的动力！

感谢老朋友们的厚爱，10个名额很快就被抢完了，刚才有朋友没抢到，问我以后还有这样的活动吗？

我只能说，这个活动肯定没有，如果下次有别的活动，你一定要手快，因为过了就没有了！

2. 激活阶段

抢占名额的体验官都是曾经光顾过我们店铺的老顾客，对我们已经有了一定的了解。对于我们来说，邀请顾客再次到店只是第一步，更重要的目标是通过极致的服务，引导顾客进行后续的消费，并且为新项目积累真实有效的好评。这将帮助我们建立更紧密的客户关系，提升客户忠诚度，并在市场上树立良好的口碑。

在推动顾客好评方面，我们积极引导顾客撰写超过100字的好评，并带上配图在朋友圈或者小红书上分享他们的体验感受。例如：

（1）贵妃侧卧SPA，听名字我就醉了！

作为SPA爱好者，我最喜欢的就是和闺蜜一起去做SPA。推荐大家试试这家的贵妃侧卧，它绝对是SPA界的一股清流，适合SPA深度爱好者。

这家SPA馆在津南区韩城桥路上，离海教园很近哦，位置特别好找，门口免费停车。店内装修风格是侘寂风，简约不简单，房间私密性特别好，我和闺蜜约的是双人房，这边还有独立的淋浴间。

进店以后，有专门的芳疗师引导我们选择自己喜欢的香气，正式 SPA 开始后会有吸嗅环节。我和闺蜜选了"贵妃侧卧"SPA，特色就是全程都是侧躺，感受和平时的 SPA 完全不同！

平时身体没有被安抚到的地方，这次都做到了！小姐姐的手法特别专业，全身的经络都有疏通到。结束后还有熬好的银耳羹，特别贴心。

宝藏店呀，不来一次简直对不起"资深 SPA 爱好者"的称号！

除此以外，美团上还有到店顾客的各种真实体验评价（图 8.2）。

图 8.2

通过新项目的热度，我们在朋友圈持续发布精心设计的文案，引起更多人到店内体验其他的项目。同时，我们将顾客的评价视为珍贵的素材，巧妙地在朋友圈滚动发布。

例如：

（2）"咸水沽最专业的 SPA 店"，来自一位会员顾客的好评！

这个月店里开发了一款新项目，没想到刚刚开放体验，就收到了顾客朋友们如此热情的评价（毫不谦虚地说，这个评价当之无愧）。

开店以来，我们就一直在做一件美好的事，真精油、真 SPA，让我们收获了周边人士的许多好评。

咸水沽最专业的 SPA 店，等你来！

就这样，在疫情期间，我们通过提供极致的服务、美好的五感体验，以及朋友圈文案的滚动发布，成功地实施了招募体验官的活动，并轻松撬动了当月 18 万元的营销业绩。

实际上，我必须告诉你，文中的几篇文案甚至没来得及发布。仅在第一篇文案发布后，就引发了大量顾客转账 99 元抢占名额的热潮。最终，我们不得不额外开放了一些体验名额，但仍有很多人没有抢到。部分顾客通过美团以 520 元的团购价格来到店内消费侧卧 SPA 项目。

是的，只是第一篇文案一经发布，就立刻收到了钱！那么你一定想知道，这篇文案的威力为什么如此大？

别着急，下一小节我将为你详细剖析这条框架式收钱文案。你一定要认真阅读，因为它关乎你将来能否用文案收到钱……

第二节

框架式收钱文案解析

在上一小节中，我们提到了招募体验官的文案。事实上，在那条文案的底部评论区有几行小字。

这次招募条件如下。

（1）必须是来过店内一次以上的顾客，本次体验不对新客开放，新顾客可以通过美团购买，目前新客优惠价520元！

（2）体验官只需要在体验后，给出真实的体验感受就可以了。

（3）只有10个名额，欢迎会员朋友踊跃参与。

这些信息包含了参加体验官活动的入选标准。

参加体验官活动并不是仅需支付99元费用即可，也并非体验完毕便无须做任何反馈。

事实上，我们只允许那些对我们店铺有一定了解的顾客参加这次活动，并要求他们提供体验感受。只有符合我们标准并通过审核的顾客，才会被收取相关费用并获准参加活动的资格。

这样的筛选机制确保我们能够与真正感兴趣并愿意分享体验的顾客互动，从而获得更真实有效的反馈。

在收钱文案领域，具备明确的标准和设计步骤的文案被称为"框架式收钱文案"。它既能筛选目标客户，又能吸引顾客的注意力并激发他们的购买欲望，实现从关注到成交的闭环，最终达到收款的目的。

"框架式收钱文案"有一个万能的写法公式：

找出角度＋塑造价值＋成交主张＋催促行动

让我们再次来看一下这篇招募文案。

招募体验官，一年了就这一次机会，千万别错过！

这个月初，薄荷老师把她在北京的拿手手法，在店里做了一个全新的升级培训（我敢保证全天津只有我们家有这个技术），开发了两款全新的 SPA，90 分钟的帝王侧卧／贵妃侧卧（光听名字就够霸气了，对吗）。

一个资深 SPA 爱好者说过，"即使是在北京、上海这样的大城市，99%的人都没有体验过帝王侧卧／贵妃侧卧，更不知道它对健康的重要性，只有做过的人才明白"。

今天，我们开始对外招募体验官，来感受下这个高级的 SPA，店内定价688 元，现在只需要 99 元就可以体验了，而且还会回馈给您一个价值 100 元的礼品。

这样的机会肯定人人都想要，你动作一定要快，请立刻联系我抢占名额！

第一步，找出角度。

这篇文案的营销角度是"新项目上线，招募体验官"。

角度就是理由。在启动营销活动时，寻找一个合适的理由是非常重要的。这是因为人的大脑本能地寻求因果关系，并需要一个合理的解释来满足认知需求。

举个例子，如果超市平时卖的鸡蛋 0.5 元一个，突然有一天老板宣布明天鸡蛋每个只要 0.3 元，顾客可能就会对这种骤降感到疑惑，猜想是否是因为鸡蛋临近保质期或存在其他问题。

但是如果老板解释是由于有客户预订了大量的鸡蛋，所以他直接开车去养殖场采购了一批新鲜鸡蛋，这样的采购方式降低了成本，现在还有少量剩余，因此能够将剩余鸡蛋以优惠价格回馈老客户，就会让人觉得合情合理了。

当然，老板也可以说第二天是老板娘的生日，鸡蛋特价优惠等。不管是什么理由，都必须合情合理才能让人们感到信服。

第二步，塑造价值。

- 侧卧 SPA 是一款全新的高级 SPA 项目。
- 侧卧 SPA 对健康非常有好处。
- 店内定价 688 元（价格很高），这次活动价是体验价格。

塑造价值在编写收钱文案中非常重要。请你记住一句话：**价值不塑造，东西卖不掉**。因为无论是产品还是服务，如果没有明确的价值点，顾客就很难被吸引并下单购买。因此，我们需要通过一系列方法来有效地塑造价值。

首先，我们可以通过提炼产品或服务的卖点来突显价值。这意味着要找出与竞争对手不同的特点和优势，强调产品或服务的独特性。这个卖点可以是创新功能、独特设计、卓越品质、专业知识等。

其次，我们还可以强调产品或服务对顾客的好处，以增强其价值感。我们需要清晰地说明产品或服务可以给顾客带来的具体好处，如节省时间、提高效率、改善生活质量，等等。

另外，营造物超所值的感觉也是塑造价值的有效方法之一。我们可以通过先锚定价格，再提供特价优惠、额外的福利等方式来实现。

除了提炼卖点、描写好处和营造物超所值的感觉之外，还有一些其他方法可以塑造价值。例如，通过展示客户评价、成功案例、用户反馈等证据，来增强产品或服务的可信度和价值感。

第三步，成交主张。

- 99 元即可体验价值 688 元的 SPA 项目。
- 还有价值 100 元的超级礼品。

成交主张是指卖家向潜在客户明确提供关于购买产品或服务的具体方式和内容，旨在让客户知晓他们将如何购买、所需支付的费用，以及他们还能享受哪些附加价值或优惠。

除了产品、价格和赠品以外，成交主张还可以包含支付条款、交付条款、零风险承诺等其他因素。这些因素在顾客最终做出购买决策时起着重要作用。

第四步，催促行动。

● 稀缺性：这样的机会一年只有一次。

● 紧迫感：名额少，人人都想要。

稀缺性和紧迫感是催促顾客下单的重要成交因素。在撰写收钱文案时，创造稀缺性和紧迫感是非常有效的策略。通过限时限量的安排，我们能够激发顾客的购买欲望并促进他们立即行动。同时，我们也要确保这些限制条件是真实可信的，以免给顾客造成误导或失望。

这样解析下来，你会发现写出一篇有效的收钱文案并不难。关键在于清晰地分解步骤、精心地添加和组合信息，以及有效地利用催促顾客采取行动的因素。

除了短文案以外，你知道如何写出一篇发出去就能收到钱的长文案吗？赶快翻页吧，下一个小节将为你揭示答案……

第三节

掌握 AITDA，轻松收钱

虽然你已经知道了如何写出简短的收钱文案，但是在很多情况下，你往往需要使用更长的篇幅来介绍各种信息，这样才能让用户信任你并且下单购买。在这种情况下，销售信成为一种不可忽视的重要工具。

销售信是一种具有诱惑力和震撼力的书信形式，起源于纸质邮件时代的美国。它通过一对一的信件方式，将无法拒绝的成交主张传递给潜在消费者。这样一来，潜在客户在阅读过程中会产生一种渴望感，从而愿意遵循信中的指令，下单购买产品。

销售信与品牌营销有着显著的不同之处，它是一种直复式的营销方式（触发潜在客户直接回应的营销方式）。销售信完全按照人性规律来布局文案内容，通过框架控制、流程衔接、元素添加等方法，以潜移默化的方式对潜在客户产生影响，让他们产生无法抵挡的购买欲望。

中国营销大师刘克亚对销售信在中国的发展做出了巨大的贡献。他在前人常用的"AIDA"公式基础上，增加了一个新的元素"T"（trust），创造了销售信写作的框架"AITDA"（attention, interest, trust, desire, action），也被称为五步方程式。这一框架不仅成为销售信的基本模板，而且指导了销售信的撰写流程。

第一步，抓住注意力（attention）。

撰写销售信的首要任务是抓住客户的注意力。人的注意力是非常稀缺的，因此，抓住注意力是一切营销的关键。

打开手机，你会发现各种各样的信息纷至沓来，各种产品琳琅满目。想象一下，你的潜在客户可能正被各种新奇事物所吸引，他们凭什么会注意到你？

因此，你首先需要用标题来吸引他们，激发他们的好奇心，进而让他们产生继续阅读的欲望。

这一步，也就是我们常说的，文案是让看见的人打开！

第二步，激发兴趣（interest）。

激发兴趣意味着要延长注意力。人的注意力是非常短暂的，可能只有短暂的几秒，你需要将其延续到 30 秒、60 秒，甚至 10 分钟、1 小时……

在这一部分，你的文字需要瞄准潜在客户的需求，描述他们感兴趣的内容，以延长他们的注意力，并进一步激发他们的兴趣。

然而，需要注意的是，虽然潜在客户读你的信是基于兴趣，但是他们对你的信任度还很低。因此，你需要继续引导他们并让他们保持兴趣。

第三步，建立信任（trust）。

如果客户对你感兴趣，喜欢读你的第一段文字，那么他们自然会读第二段、第三段……，正如前面章节提到的"CSR 原则"里的 S（sliding），你要让目标客户像坐滑梯一样读完你的内容。

但是，你对他们来说毕竟还是一个陌生人，如何才能建立起他们对你的信任呢？你要让他们意识到你是一个真实的人，你要讲讲自己的故事，你过着怎样的生活，你曾经经历过什么，你有过什么梦想，你如何为自己的梦想而努力，等等。你也可以讲你的客户故事或者成功案例，让他们了解你的经历和成就。

总而言之，通过讲述你自己的故事或者客户的故事，你会逐渐拉近与潜在客户之间的距离，让他们逐渐对你不再陌生，对你的成绩不再陌生，从而产生对你的信任感。

第四步，刺激欲望（desire）。

接下来，你要做的就是刺激客户的购买欲望。因为只有客户想要购买，才会付钱，而你才能实现销售目的。

在这一步，你可以通过塑造产品价值来刺激客户的购买欲和占有欲。你要关注客户的需求，梳理他们的梦想，用文字勾起他们的强烈欲望，让他们感受看到梦想实现的画面……

第五步，催促行动（attention）。

销售信的最后一步是催促客户采取行动。不管你前面做了多少努力，如果客户不采取行动，那么很大程度上来说，你的这封销售信就是失败的。因此，千万不要忘记，文案是让看完的人行动！

在这一步中，你需要明确地引导顾客去做一些事情。你的指令越简单越好，越具体越好，越明确越好。在最后这个环节，稀缺性和紧迫感都可以被充分利用，所有的文字信息都是为了催促客户立刻行动。

以上五个步骤就是销售信的五步方程式，它就像一个多米诺布局，非常顺滑，也是久经验证、行之有效的轻松收钱方式。

随着移动互联网的发展，手机的应用更加广泛。尽管销售信的形式在逐渐演变，但是万变不离其宗，掌握 AITDA 框架对于快速创作出下笔收钱的销售信依然至关重要。

我在创办 SPA 馆期间，就曾经使用销售信售卖体验卡。

当时新店开业不久，正值炎热的夏季，到店里的顾客比较少。芳疗师们便提出了要去街头发放体验卡。我立即告诉她们这种方法是不可行的，因为人们通常会对推销行为感到反感。

尽管如此，她们仍然决定顶着炎炎烈日去街头发放体验卡。结果却令人失望，大多数人收到卡片后并没有表现出兴趣，有的甚至直接扔掉。

店里的小姑娘们都感到非常沮丧和失望。看到大家心情低落，我鼓励道："别担心，我马上就能找到客户！"

真的吗？她们都带着怀疑的眼光看向我……

接着，我写了一封销售信。随后，我给手机联系人中的一些潜在客户发送了一条唤醒提示。短短一分钟内，就收到了几十人的积极反馈。然后，我将写好的销售信制作成 PDF 文件，并发送给她们。

很快，70% 的人选择直接转账参加付费体验项目，10% 的人选择了免费体验一个项目，还有 20% 的人未继续响应。而后，顾客的后续转化率也非常高。

下面就让我们来看看这封发出去就收钱的销售信。

海教园的朋友：

你好！

随着年龄的增长，你是否常常被一些亚健康问题困扰？

比如，经常感觉身体乏力、腰酸腿疼，稍微受点风寒就会肩颈酸痛？看着身边的同龄人皮肤紧致，而你的皮肤总是又暗又黄没有光泽，即使化上厚厚的妆，也掩盖不住脸上深深的憔悴？

你是不是自从来到海教园定居，就渴望找到一个离得近、环境好、服务好、安静疗愈身体的地方？

如果您的回答是"是"，那么我要告诉你一个消息：你想要的美丽和健康，×× SPA 可以带给你！

因为这里有从国外庄园直采的纯正精油，有专业的芳香疗愈师，还有五星级的疗愈环境……

经过一年多的筹备和一个月的试运营，×× SPA 已于今年 3 月 20 日正式开业。即使在疫情期间，×× SPA 依然吸引了稳定的会员客户群体，其中 95% 的会员和您一样，是咱们海教园海棠街的业主朋友们……

要问大家为什么选择了 ×× SPA，那一定是有原因的。

曾经有一个会员顾客感慨："静谧又轻松的氛围，专业又温柔的技师，比五星级酒店更好的环境和服务，上次这样的感觉还是在疫情之前的巴厘岛，没想到这次在家门口就享受了！"

您要知道，仅 90 分钟芳香精油 SPA 这一个项目，在五星级酒店的收费不低于 888 元！而这里的价格却连一半都不到。

您一定好奇店里到底有哪些项目，对吗？那我就向您简单介绍一下咱们的几个明星项目吧！

首先，我们的美容 SPA 项目非常受欢迎，比如面部瑜伽 SPA、面部经筋美颜 SPA 等；

其次，在身体护理方面，我们的肩颈无忧、头部芳香、腿部末梢循环都广受大家的喜欢；

再者，针对亚健康理疗，店内推出了独特的百草裹灸项目。这个项目使用了中草药，与药酒一同炒热后铺在砭石床上，结合红外线热疗，能有效调理身体。周边的一些邻居会员从这个项目中受益颇多，缓解了他们的肩痛、腰疼、腿疼等问题。

最后，店内还有专业脱毛服务，采用德国进口的先进设备，实现冰点无痛脱毛。7 月份全场脱毛项目将有 7.7 折优惠。仅是买两件衣服的钱就可以享受一个部位全年不限次的脱毛服务了……

炎炎夏日，×× SPA 特别向居住在周边 2 千米以内的海棠街居民提供少量的体验名额。

注意：

（1）您必须是海教园海棠街业主居民；

（2）您本人或者家人从未体验过店内任何项目；

（3）您的年龄为 25～60 岁。

只要符合以上几项，您就可以免费体验以下我们的明星项目一次：

面部（面部瑜伽 SPA/ 面部经筋美颜 SPA）。

身体（肩颈无忧 / 头部芳香 / 腿部末梢循环）。

理疗类项目（百草裹灸）。

要知道，任何一个项目的价值都不低于 298 元！如果面部、身体、理疗项目您都想体验一次，共体验三个项目，那么我们仅收取总计 99 元手工费，再无其他任何费用。

是的，就是这么超值、这么划算！

我们为什么向您提供如此优惠的价格呢？

实话实说，创业并不容易。但是在特殊时期，我们收获了海教园朋友们的支持。我们想以最大的诚意回馈给海教园的邻居朋友们。

我们的芳香疗愈师和大家一样，都是定居在周边的姑娘，她们热爱这里的工作，愿意热心地、长久地服务周边的人群，把她们的专业知识带给有需要的人。目前，我们的知名度还不够，她们迫切需要一个机会证明自己……

在您的家门口就能享受最正宗的芳香 SPA 服务，这样的福利绝对不可能再有第二次，所以名额只对前 30 名最信任我们的朋友开放。

为了感谢您的信任，体验三项者将获得价值 99 元的伴手礼一份。

特别提示：

（1）立即锁定名额并添加客服微信，备注或者回复：我要体验。

（2）详情可以咨询前台电话。

（3）地址：省略。

×× SPA 养生馆

这封销售信虽然篇幅不算长，却极具说服力。发送给私域里的潜在客户后，它迅速促成了体验卡的销售，并且有效地带动了后续的成交。

你看，销售信就是如此神奇！通过掌握 AITDA 五步方程式，你也可以轻松地实现成交和变现。希望你能够深入了解并灵活运用这一框架，创造出令人惊喜的销售成果！

第九章

AI 文案

驾驭 ChatGPT，秒变文案高手

秒变文案高手是很多人的愿望。现在，随着人工智能技术的进步，我们可以借助强大的 AI 工具，将这一愿望变成现实。

本章将带你驾驭 ChatGPT，轻松应对文案创作中的挑战，开启无限创意的未来！

第一节

探秘 AI：
训练 ChatGPT，成为其主人

尽管人工智能（artificial intelligence, AI）技术早已成为全球关注的焦点，但 2023 年 3 月 14 日 OpenAI 发布的 ChatGPT-4 仍然在全球范围内掀起了一股热潮。ChatGPT-4 的问世激发了人们学习 AI 技术的兴趣。

3 月底，我在广州游学期间，有幸拜访了一家 AI 数据公司，他们开发了一款中文版聊天机器人，我立即注册成为会员，并开启了我的 ChatGPT 学习之旅。

我的第一次 ChatGPT 使用体验让我惊叹不已。当时我正从广州前往云南旅游，入住风景如画的凤庆森华信温德姆度假酒店。那里山清水秀，景色怡人。

第二天早晨，酒店的小车缓缓驶来，接我前往餐厅。山间的晨风轻拂，我沉醉于迷人的景色中，感受着良辰美景的惬意。于是，我突发奇想，想用一首诗来表达我的感受。我给聊天机器人发了一个指令："以'清风乱拂面'开头，写一首五言绝句，描述早晨的感觉。"它迅速回复："清风乱拂面，晨色染轻衣。无聊观花鸟，碧空添醒意。"

看到这首诗时，我被深深地震撼了。ChatGPT 的回答极其迅速，只有第三句"无聊观花鸟"略显负面且与周围环境不太相符。我将其改为更加应景的"小车观山景"，整首诗变为："清风乱拂面，晨色染轻衣。小车观山景，碧空添醒意。"我迫不及待地把这首诗分享到了朋友圈，瞬间就收获了朋友们的点赞。

这次体验非常棒。ChatGPT 以其快速的回应和出色的表述能力，给我留下了深刻的印象。接下来几天，我不断尝试不同版本，向聊天机器人提出各种问题，与它对话，比较分析答案。这个过程让我乐在其中。

如果你还没有尝试过 ChatGPT，那你可能有些落伍了。我并非危言耸听，因为它真的很强大。

为了更好地理解 ChatGPT，我们需要先厘清 AI 和 ChatGPT 的关系。

AI 是一种模拟人类智能的技术，旨在使机器能够执行类似于人类的智能任务。它涵盖了机器学习、计算机视觉、自然语言处理等多个领域。ChatGPT 是由 OpenAI 开发的一种自然语言处理模型。它基于大规模语料训练，能够生成连贯的、具有上下文的自然语言响应，可以广泛应用于聊天、问题回答等对话任务。

在 ChatGPT-4 发布后，大家热烈地讨论着一个话题：将来有哪些工作会被 ChatGPT 取代？

那时，虽然我已经完成了《框架文案》的创作，但又不得不思考一个问题：鉴于 AI 的强大能力，我们是否还需要学习文案创作？

出于困惑，我向聊天机器人提出了这个问题。它给出了答案：尽管 ChatGPT 具有很强大的生成能力，但是学习文案创作仍然是非常重要的（图9.1）。

尽管ChatGPT具有强大的生成能力，但学习文案创作仍然是非常重要的。尽管ChatGPT可以生成文本，但它并不具备人类的创造力、洞察力和情感共鸣能力。学习文案创作将使您能够更好地利用ChatGPT的潜力，以及提供更具吸引力、准确和目标导向的文案内容。

以下是为什么学习文案创作依然重要的几个原因：

1. 创作策略和目标：学习文案创作可以帮助您制定创作策略，并设定明确的目标。了解如何吸引目标受众、传达品牌信息和实现营销目标等，这些是ChatGPT单独无法实现的。

2. 创造性和独特性：文案创作涉及创造性思维，这是ChatGPT无法完全替代的。通过学习文案创作，您可以培养独特的声音和风格，使您的文案与众不同。

3. 受众洞察和情感共鸣：文案创作需要理解受众需求和心理，以及在文案中营造情感共鸣。这需要人类的情感和洞察力，以创造引人注目、与人产生共鸣的内容。

4. 有效传递信息：学习文案创作可以帮助您提高信息传递的效果。在文案中选择合适的词汇、句式和结构，以确保信息准确到位，并用简洁、生动的方式呈现。

5. 保持人类参与和判断：尽管ChatGPT可以辅助文案创作，但重要的是我们保持人类的参与和判断。人类可以为文案创作添加独特的观点、主观性和背景知识，从而真正满足受众需求。

因此，学习文案创作不仅可以让您更充分地利用ChatGPT的能力，还能够提供更高质量、更具影响力的文案内容。将ChatGPT与文案创作的技巧相结合，使您能够更好地创作出令人难以忘怀的作品，并更好地与受众建立联系。

图　9.1

在这个快速变化和创新的时代，我们应当以主导者的身份去引导和驾驭 AI，而不是害怕或忽视它的存在。

尽管像 ChatGPT 这样的 AI 技术在文案创作领域展现出了巨大的潜力，但我们必须始终牢记，我们是 AI 的创造者和掌控者。因此，让我们勇敢地面对 ChatGPT，并以主导者的身份去训练和运用它吧！

第二节

文案应用：
对话 ChatGPT，掌握实战技巧

无论是第一次接触 ChatGPT 还是已经使用了一段时间，我们都不应忽视框架思维的重要性。我们需要培养从全局视角审视问题的习惯，深入理解事物的核心本质。这种思维方式将帮助我们更好地理解和应用 ChatGPT。

现在，让我们先了解 ChatGPT 的定义和工作原理。只有理解了它的基本原理，我们才能轻松地驾驭它。

下面引用 ChatGPT 给出的信息（图 9.2）。

ChatGPT是一种基于深度学习的自然语言处理模型，由OpenAI开发。它是基于GPT（Generative Pre-trained Transformer，生成式预训练变换器）模型的对话生成应用。

ChatGPT的工作原理可以分为两个主要步骤：预训练和生成回复。

1. 预训练：在预训练阶段，ChatGPT使用大量的文本数据进行训练，以学习语言的模式和规律。通过无监督学习，模型推断出单词、语法结构和上下文关系，从而获得对语言的一般认识。这为后续的对话生成提供了基础。

2. 生成回复：在对话时，ChatGPT根据用户的输入和对话上下文，利用预训练的知识生成连贯的回复。模型将用户输入编码为向量表示，然后使用自注意力机制，结合对话历史和上下文信息来预测合适的回答。生成的回复会尽力与用户的输入保持一致和有逻辑，并根据模型的学习提供语义合理的回答。

需要注意的是，ChatGPT并不具备真正的理解和推理能力，它仅仅是在预训练的基础上模仿训练数据中的模式。因此，在使用ChatGPT时，有时它可能会出现语义上的错误或生成不准确的回答。由于它的回复仅基于训练数据中所包含的信息，因此需要人工对输出结果进行审查和修正。

总结来说，ChatGPT是一种基于深度学习的对话生成模型。它通过预训练和生成回复的方式进行工作，学习语言模式和上下文信息，并根据用户输入和对话上下文生成连贯、合理的回复。然而，它缺乏真正的理解和推理能力，需要人工对输出进行审查和验证。

图　9.2

　　简单来说，ChatGPT 是一种生成式预训练语言处理模型，它可以理解我们输入的内容，模拟人的对话，提供智能的交互体验，并根据输入内容生成合理的回复。

　　由此可见，ChatGPT 对话框中的提示词（prompt）至关重要，提示词越清晰，得到的答案就会越准确。

　　提示词可以是一个问题或者一段对话，也可以是任何形式的文本输入。聊天机器人会基于我们所提供的上下文语义信息，生成相应的输出文本。

　　这里需要强调的是，在对话框中输入的任何文本和信息都被视为提示词。如果提示词不够清晰，那么得到的答案必然也是天马行空的。

　　举个例子，如果你输入的提示词是"请你写一篇朋友圈文案"，ChatGPT 可能会漫无目的地生成一堆富有诗意的句子。

　　然而，如果你的提示词变成"请你以一对一聊天式的风格，写一篇以'如何打造个人 IP'为主题的朋友圈文案"，你将会得到更加具体和明确的答案。

　　这与前面章节中提到的框架效应相吻合。只有在限制性的框架内，我们才能得到一定范围内的确定性回答。因此，在 ChatGPT 的运用中，框架起着非常重要的作用。我们可以通过设定明确的指导和约束来引导 ChatGPT 生成更精确、更符合要求的回答。

　　本书第一章介绍过运用框架思维有四个关键步骤，对应 ChatGPT 在文案创作上的应用，这四个步骤就变成了：赋予身份、设定角色；定义标准、搭建框架；填充信息、投喂素材；调整优化、反馈迭代。

　　我通常按照框架思维的四步应用法来训练和使用 ChatGPT，通过指令模式、仿写模式、角色扮演和反向创作等方法，逐步探索 ChatGPT 的能力，并在实际应用中不断提升。

　　接下来，我将详细阐述我与 ChatGPT 的互动过程，并介绍 ChatGPT 在 AI 写作中的应用技巧。

1. 指令模式

ChatGPT 是一款功能强大的人工智能助手，无论是作为一本百科全书还是一位亲密的朋友，它都能在我们的学习和交流过程中担当一个贴心的助手角色。

训练 ChatGPT 时，指令模式是通过给出具体指令或问题来引导 ChatGPT 生成相应的回答或文本。

在我让 ChatGPT 协助我完成这篇文章时，我 9 岁的儿子凑到我身边，好奇地问我 ChatGPT 能做什么。我告诉他，ChatGPT 是一个非常强大的智能助手。只要向它提出一个问题，它就会立即给出一个答案。

儿子立刻要求向 ChatGPT 提出一个问题。

儿子：和平精英里 98K 和莫辛纳甘有什么区别？

ChatGPT：98K 和莫辛纳甘是《和平精英》游戏中的两种狙击步枪，它们在性能和特点上有一些区别。它们主要的区别如下。

（1）损害：98K 的损害略高于莫辛纳甘。这意味着 98K 在命中目标时能够造成更大的伤害。

（2）弹匣容量：98K 的弹匣容量为 5 发，而莫辛纳甘的弹匣容量为 7 发。莫辛纳甘在一次装填后可以连续射击更多次，减少了换弹的频率。

（3）射速和精准度：莫辛纳甘的射速略高于 98K。莫辛纳甘能够更快地连续射击，有利于近距离快速击败敌人。然而，98K 在射击精准度方面更强，在远距离上更容易准确命中目标。

（4）声音和后坐力：由于不同的枪种设计和弹药类型，98K 和莫辛纳甘在发射时产生的声音和后坐力也有所不同。这可能会影响玩家在游戏中的隐蔽性和稳定性需求。

总体而言，98K 更注重远距离的精准打击，适合擅长狙击的玩家。莫辛纳甘则相对更适合近距离作战，善于快速反应和连续射击的玩家会较为喜欢。玩家可以根据自己的游戏风格和需求来选择适合自己的狙击步枪。

显然，我的儿子对于这个答案非常满意，于是他兴奋地展开了与 ChatGPT 更多愉快的对话……

你看，开始学习使用 ChatGPT 一点也不难，只要开始和它互动，你就会发现无尽的乐趣！

有时候当我对某些事情感到不确定时，我会向 ChatGPT 寻求更多信息；又或者当我犹豫不决的时候，我会像与老朋友聊天一样，向它咨询看法。在这些情况下，ChatGPT 就像是一个可信赖的伙伴，能够给我提供宝贵的建议和观点。

示例：

橙花："收钱文案：框架式成交，轻松实现文案变现"和"收钱文案：框架式成交，开启文案变现之路"，你觉得哪个标题更好，为什么？

ChatGPT：两个标题都很好，都能传达您的意思。但如果要选择一个最好的标题，我会选择"收钱文案：框架式成交，轻松实现文案变现"。

这个标题更加简洁明了，直接表达了您的目的和关键词"收钱文案"及"框架式成交"。同时使用词组"轻松实现"也突出了变现的容易性。整体效果更直接，能更好地吸引读者。

由于我多次和 ChatGPT 探讨问题，它已经非常了解我了。在我困惑或犹豫不决时，ChatGPT 充当了我可靠的助手，帮助我分析问题并轻松做出决策。

作为一个文案创作者，我还经常使用指令让 ChatGPT 帮助我修改文案。无论是修改句子使其更通畅，还是续写文本，ChatGPT 总能以惊人的速度完成任务。有时候，它的回答甚至能给我带来意外的灵感。

总之，如果 ChatGPT 没有收到明确的指令或问题，那么它会自由地生成文本。而通过指令模式，我们可以更有针对性地引导 ChatGPT 的创作，使其符合特定要求。

2. 仿写模式

仿写模式是使用已有文本或样本来作为参考和指导，让 ChatGPT 进行重写或重新表达的一种模式。在这种模式下，ChatGPT 会学习从已有文本中获取语言和风格特征，并生成与之相似的输出文本。

对于文案创作者来说，仿写模式可以显著提高创作效率，因为生成的文案通常只需稍作修改就可以使用。

在运用仿写模式时，仅仅简单的提示词是不够的。为了确保 ChatGPT 能够生成符合预期的文本，我们需要提供详尽的信息，包括要仿写的文本样本、期望的写作风格、主题方向等。简而言之，我们需要向 ChatGPT"投喂"充足的素材来引导其创作。

如果给出的提示词不够具体，ChatGPT 可能会仅仅复制原有素材的风格和主题内容，而不是帮助我们创作具有全新主题的文本。

因此，精确的提示词至关重要。我们需要与 ChatGPT 进行持续的互动，逐步细化提示词，这样才能获得更加精准和高质量的文本输出。

示例：

橙花：下面我将发给你一条朋友圈文案，内容如下：想要提升文案转化率，你需要让用户透过你的文字感知到产品的价值，只有这样，用户才会产生下单购买的欲望。因此，想要下笔收钱，你必须先学会如何塑造产品价值。

请你帮我仿写一个关于"个人 IP"的朋友圈文案，只模仿上述文本形式和风格。

ChatGPT：想要提升个人 IP 的影响力，你需要让观众透过你的创作感受到独特的价值，只有这样，他们才会对你的作品心生敬仰。

因此，想要在个人品牌塑造上取得成功，你必须先学会如何展现个人 IP

的独特价值。只有这样，才能在创作领域中脱颖而出，赢得更多观众的支持和喜爱。

注意，提示词中的"个人IP"为ChatGPT设定了一个明确的主题方向和限定领域。同时"只模仿上述文本形式和风格"是为了让ChatGPT在仿写过程中仅模仿原素材的形式和风格，而不是使用原素材的内容。

除了直接模仿所提供的素材，ChatGPT甚至可以模拟一些大师的创作风格，并以此为基础进行创作。

当然，虽然AI模型可以生成类似的文本，但请注意，这些仿写只是基于先前的学习和训练，并不意味着完全还原大师的独特风格。对于复杂的、个人化的创作风格，如诗歌或具有特定艺术风格的作品，AI模型的生成可能会受到限制。

3. 角色扮演

让ChatGPT进行角色扮演，就是使其模拟一个特定角色或人物的交流和对话方式，模拟特定角色的知识、语言风格等，生成符合特定情境的文本内容。

例如，我让ChatGPT扮演过玄学大师、短视频创作导演、教育行业策划高手、起名大师、演讲高手和老中医等各种角色。通过向它提问，我得到了很多不同的互动体验，获取了我想要的知识。

在文案创作中，我常常让ChatGPT扮演文案高手、文案大师、品牌策划师等角色。

示例：

橙花：你知道Gary C. Halbert是谁吗？

ChatGPT：是的，我知道Gary C. Halbert是谁。Gary C. Halbert是一位著名的直邮营销专家和广告写手。他在直邮营销领域有着很高的声誉，被誉为

"直邮之王"。

他以其独特而有力的文字和销售技巧，帮助许多企业实现了很高的销售业绩。Gary C. Halbert 曾经在广告领域取得了很大的成功，并且他的思想和策略对于市场营销领域至今仍有很大的影响力。

橙花：你了解他的创作风格吗？

ChatGPT：Gary C. Halbert 在创作中以直接、简洁和挑战传统的风格而闻名。他的广告和营销信函通常使用强烈的言辞和情绪，以吸引读者的注意力和激发购买欲望。他善于运用故事和独特的观点，以引起读者的共鸣和兴趣。他强调重复和强调关键信息，以加强销售信息的效力。

此外，他的创作风格还包括使用问答式的引导，引发读者对问题的思考，从而使其产生需求和解决问题的动力。总的来说，Gary C. Halbert 的创作风格既有冲击力又有说服力，致力于将产品或服务销售得更加有力和有效。

橙花：非常棒！请你扮演 Gary C. Halbert，以他的写作风格，创作一封关于"超级个体启航计划"的销售信，大概 600 字。

ChatGPT：

亲爱的朋友，

是时候为你的梦想立下新的里程碑了！我要向你介绍一种绝佳的机会，一个能够帮助你打破束缚、实现财务自由的神奇课程——超级个体启航计划！

我知道，你有着对自由生活的向往。你不想再被朝九晚五的工作困扰，你想拥有更多的时间和财富来追求自己的激情与梦想。超级个体启航计划，正是能够助你一臂之力的利器！

你可能会问："什么是超级个体启航计划，它能为我带来什么？"我向你保证，这不仅仅是一门课程，而是一种改变生活的奇妙方法！

超级个体启航计划将为你揭开个人品牌打造和知识变现的秘密，让你成为一个真正的创业者！

在超级个体启航计划中，你将学习到如何发现和挖掘自己的个人优势和潜力，如何打造一个独一无二的个人品牌，如何有效地传播和推广你的知识，如何将你的知识转化为可持续的财务收入。这一系列的技巧和策略，将让你在现今竞争激烈的市场环境中脱颖而出！

更令人兴奋的是，超级个体启航计划不仅仅停留在理论层面，它为我们提供了实用的案例分析和动手实践的机会。我们的导师团队将亲自为你提供指导和支持，确保你能够顺利掌握关键技能，迈向成功之路！

别再犹豫了，朋友！超级个体启航计划已经改变了无数人的生活，他们通过打造个人品牌，实现了财务自由，享受自由自在的人生。现在，轮到你了！毫不犹豫地加入我们，开启属于你的精彩旅程！

记住，最好的时机是现在！点击下方链接，了解更多关于超级个体启航计划的信息，让我们一同创造辉煌未来！

点击这里了解超级个体启航计划：[链接]

祝你勇往直前，实现梦想！

超级个体启航计划团队

当我们逐步引导 ChatGPT 扮演文案大师的角色时，它将为我们提供令人惊喜的文案创作。这些文案内容的质量非常高，仅需进行细微调整即可直接使用。

4. 反向创作

反向创作是一种创新的交流方式，它让 ChatGPT 超越了传统意义上的信息接收者角色，转而成为一个积极的参与者和提问者。通过主动向对话者提问，ChatGPT 能够深入探索和理解对话者提供的信息，更准确地把握其需求和意图。

在实际操作中，反向创作模式通过提出开放性的问题或主题，激发 ChatGPT 的创作能力，使其能够自由地发挥想象力，创造出独特的创意、见解或故事。

在整个创作过程中，ChatGPT 不是简单地在接收输入后立即输出，而是利用其训练数据和算法模型进行深入的逻辑推理和内容构建。通过这种反向创作的方式，我们能够挖掘出具有创造性且富有深度的文本内容。

示例：

橙花：我是一个辟谷减肥项目的运营官，请你扮演我的高级销售文案撰稿人，你将帮我撰写"7 天辟谷减肥禅修班"课程的销售信。你可以向我询问关于课程的所有信息，直到我指示停止提问。等我下达"开始撰写销售信"的指令，你再开始创作。现在，你可以开始提问了。

ChatGPT：非常清楚，作为您的高级销售文案撰稿人，我明白您的要求。我将与您一同探讨和了解关于"7 天辟谷减肥禅修班"课程的重要信息，以便我可以根据您的回答撰写一个引人入胜、吸引潜在客户的销售信。让我们开始吧！

请您告诉我以下问题的答案。

（1）"7 天辟谷减肥禅修班"课程的核心内容是什么？

橙花：课程核心内容包括三大板块：辟谷练功法、亚健康扶阳调理（经络全息按摩）及能量导引。

ChatGPT：非常感谢您的回答。现在我有了关于课程核心内容的信息。接下来，请回答以下问题。

（2）这个课程的目标受众是谁？他们有哪些痛点或需求？

橙花：课程的受众目标是那些遭受肥胖困扰并多次尝试其他方法但未能减肥成功的人。他们厌倦了传统的减肥方法，希望能够找到一种有效的减肥方式，保证减肥效果。同时，他们渴望掌握调理身体的健康方式，以及提升个人能量。

ChatGPT：非常感谢您的回答。现在我了解了目标受众的情况。接下来，请回答以下问题。

（3）在7天的课程期间，学员将会获得哪些具体的福利或收益？

橙花：学员将学会正确的辟谷练功法，掌握传统中医健体方法。7天辟谷可减重5~10斤，清除体内毒素，增加机体代谢功能，并提升身心灵能量。

ChatGPT：非常感谢您提供的信息。现在我了解了学员在课程期间获得的福利和收益。接下来，请回答以下问题：

（4）课程的授课方式和时间安排是怎样的？

橙花：7天是线下培训班，有专业的辟谷老师和中医调理指导师引导大家完成7天的辟谷。地点在一个山清水秀的度假山庄里。

ChatGPT：非常感谢您提供的信息。现在我了解了课程的授课方式和时间安排。接下来，请回答以下问题：

（5）这个课程相比其他减肥方案有何独特之处？

橙花：常见的减肥方案通常是通过大量运动来燃烧脂肪，或者通过节食来控制体重。相比之下，我们的辟谷课程提供了一种全新的选择：在专业指导下，通过呼吸练习和冥想，帮助学员实现减肥目标。此外，我们的课程还融入了禅修元素，这也是其他减肥方案中不常见的。

ChatGPT：非常感谢您的回答。现在我了解了这个课程与其他减肥方案的独特之处。接下来，请回答以下问题：

（6）是否有学员的成功案例或证明这个课程有效的数据？

橙花：是的，有大量的成功案例。一位来自北京的35岁女士，之前尝试过各种减肥方法，但都以失败告终，原因是减完以后控制不住食欲，导致大吃大喝，体重常年维持在145斤左右。她参加7天辟谷减肥禅修班后，不仅体重减轻10斤，而且掌握了中医养生方法，改善了亚健康状态，还通过静心禅修提升了个人能量。复谷以后体重也并未反弹。

ChatGPT：非常感谢您提供的案例。这个成功案例确实证明了课程的有效性。接下来，请回答以下问题：

（7）课程的收费标准是怎样的？是否有不同的套餐可供选择？

橙花：7天的收费标准是5000元/人，两人同行可以每人优惠500元。

ChatGPT：非常感谢您提供的信息。现在我了解了课程的收费标准和优惠政策。接下来，请回答以下问题：

（8）学员需要准备什么样的物品或注意事项参加课程？

橙花：学员可以带着自己喜欢的禅修衣服前来参加课程。好了，停止你的提问，请开始撰写销售信。

……

在我提供了一系列的信息后，ChatGPT 迅速创作了一篇高质量的销售信。具体内容不在此展示。

现在轮到你了，将示例中的提示词替换成你的产品或服务信息，试一试吧！

5. 混合模式

在实际应用中，我们往往会混合使用以上几种方法。在此过程中，我们需要使用明确的提示词与 ChatGPT 进行对话，并为自己的对话构建范围。我们还可以向 ChatGPT 提供一些素材，并不断调整和优化提示词，以获得更准确、更高质量的答案。

当我们能够熟练使用 ChatGPT 时，会发现高效的操作通常包含四个步骤，也可以称为"四步应用法"。例如，我们需要写一份直播演讲稿并希望ChatGPT 协助完成，可以按照以下步骤进行。

第一步，赋予身份、设定角色。

首先，我们需要为 ChatGPT 赋予一个特定的身份和角色，这有助于指导它在文案创作中的表现和风格。

橙花：你是一位有影响力的知识博主，专门教别人如何创作故事，接下来需要你以知识博主的身份思考和回答问题。

ChatGPT：当然，作为一位有影响力的知识博主，我的目标是为读者提供有价值和实用的信息，帮助他们在创作故事方面取得进步。无论是关于故事结构、角色塑造、情节设计还是创意激发等方面的问题，我都会尽力提供专业的见解和建议。

请您放心提出您的问题，我将以知识博主的身份尽力回答和帮助您。期待为您提供有价值的内容！

第二步，定义标准、搭建框架。

接下来，我们需要为文案创作设定明确的标准和框架。这包括主题范围、目标受众、需求标准等要素，以确保生成的文案符合预期。我们也可以限定范围，直接引导 ChatGPT 给出标准和框架。

橙花：请你快速掌握一份优秀的直播演讲稿包含哪些板块。

ChatGPT：一份优秀的直播演讲稿应包含以下几个版块。

（1）开场白：在开始演讲时，给观众留下深刻印象的开场白非常重要。可以通过问候、引用有趣的事实、故事或引用名言等方式来吸引观众的注意力。

（2）演讲目的和主题介绍：在演讲的早期，明确表达你的演讲目的和主题。简单而明确地告诉观众你想要分享、讲解或传达的核心信息。

（3）故事或案例：通过引入生动的故事或案例，可以帮助观众更好地理解你的观点或主题。故事能够激发情感共鸣，提供真实的例子来支持你的演讲内容。

（4）主要观点和论据：在演讲稿的核心部分，列出几个主要观点或论据，并用简洁明了的语言进行阐述。每个观点后面都可以提供相关的例子、数据或引用来支持你的观点。

（5）升华和总结：在演讲的最后部分，通过回顾主要观点和论据，对演讲内容进行总结和升华。强调你想要观众带走的核心思想，并给予鼓励和启发。

（6）结语和结束语：在结束演讲时，可以使用感人或激励性的结语，留下深刻印象。感谢观众的聆听并鼓励他们进一步思考和行动。

除了以上版块，还可以根据具体的演讲内容和目的，添加一些适当的版块，例如，问题与答案交流环节、参与互动环节等，以增加与观众的互动和参与感。

第三步，填充信息、投喂素材。

基于已设定的标准和框架，我们需要向 ChatGPT 提供相关信息和素材，包括关键要点、案例研究或任何有助于文案创作的资料。

橙花：非常好，以下是你作为演讲人的个人信息，请你记住下面的信息：你是一位有着资深故事教学经验的老师，不仅出版了一本《故事编织艺术》的书，分享创作故事的经验，还通过线下的故事创作课帮助近 300 位学员成为写故事的高手。

ChatGPT：非常感谢提供您的个人信息。

根据您提供的信息，作为一位有着资深故事教学经验的老师，我将会在演讲中强调自己的经验和专业性，特别是在故事编织方面。我会着重介绍自己的书籍《故事编织艺术》，以及通过线下故事创作课帮助近 300 位学员成为写故事高手的经历和成就。

这些信息将进一步让观众了解我的背景和能力，增加我的信任度和权威性。同时，我会结合具体的故事编织技巧和案例来证明我的教学理念和方法的有效性，以期能够激发观众的兴趣，并让他们对我演讲的内容抱有信心。

非常感谢您提供的个人信息，这将有助于我更好地塑造个人形象和与观众建立联结。如果您还有其他的要求或问题，请随时告诉我。

第四步，调整优化、反馈迭代。

接下来，ChatGPT 会根据我们的指令快速生成一份文案。

最后，我们需要进一步调整和优化，根据实际需求进行必要的修改。通过与 ChatGPT 的交互和反馈，我们可以实现文案创作的迭代和持续优化。

橙花：非常棒，请你完成一份直播演讲稿。要求：开头有吸引力，中间讲述故事如何帮助自己成长，创作了《故事编织艺术》这本书，以及自己是如何一步步成为一名故事教练的。再增加一些学员案例内容，要情感丰沛，结尾有行动指令，让粉丝喜欢你，愿意追随你学习写故事。

ChatGPT：尊敬的观众们，大家好！

我很高兴能够与各位在这个直播演讲中相聚，我是一位有着资深故事教学经验的老师。

今天，我想与大家分享一段关于我自己的故事，这个故事将揭示我如何通过创作故事实现自己的成长，并最终完成了一本名为"故事编织艺术"的书籍。

在很久以前，我常常陷入了一个迷思之中：为什么一些故事能够深入人心，而另一些却很快被遗忘？我对于故事的力量和魔力产生了浓厚的兴趣，并开始探索故事的奥秘和技巧。

通过大量的研究和亲自实践，我渐渐地意识到，一个好的故事不仅仅是简单地讲述，而是需要具备精心编织的结构、引人入胜的情节和深入人心的角色塑造。我深信，只有通过掌握这些关键技巧，才能创作出真正触动人心、引发共鸣的故事。

正是出于对故事这种创造力和魅力的追求，我决定将我的见解和经验分享给更多的人。于是，我开始了一系列线下的故事创作课，帮助近 300 位学员成为写故事的高手。这些学员中有些人是小说家、编剧，也有些人只是热衷于故事创作。通过传授他们故事编织的技巧和秘诀，我看到了他们的进步和成长。

其中，我想分享一个学员的案例。他叫李华，一位初出茅庐的作家。在参加我的故事创作课之前，李华常常感到自己的故事缺乏吸引力和情感共鸣。然而，通过课堂上的指导和训练，他逐渐学会了如何编织引人入胜的故事情节，并加入了更多的情感元素。最终，他出版了一本备受好评的小说，并赢得了读者的喜爱。

这正是我作为故事教练的愿景和使命——帮助更多的人发现故事创作的乐趣，掌握关键的技巧，并在他们的作品中创造出真实而动人的故事。

在结束之前，我想向各位观众提出一个行动指令：让我们一起学习写故事，将故事的魔力应用到自己的生活和创作中。无论你是一个作家、编剧，还是一个想要用故事去影响他人的人，我相信，通过学习和实践，我们都能成为故事的传播者和创造者。

如果你想了解更多关于故事编织的技巧和方法，我诚邀你阅读我的书籍《故事编织艺术》，它将为你提供更深入的理解和实践指导。同时，我也欢迎你参加我的线下故事创作课，与我一同探索故事创造的精髓。让我们一起成为写故事的高手，用故事的力量改变世界！

感谢大家的聆听，我期待在未来的旅程中与你们一起探索故事的奇妙世界。谢谢！

遵循上述步骤，ChatGPT 能够迅速生成一篇高质量的直播演讲稿。不过文中某些表达尚需进一步雕琢，我们可以根据自己的需求进行调整和优化。

总的来说，训练 ChatGPT 是一个循序渐进的过程。当我们熟练运用框架思维的"四步应用法"来指导 ChatGPT 时，我们的工作效率将显著提升，同时生成的文案质量也将达到较高水平。

在大模型时代，精通并有效运用框架是区分文案高手与一般从业者的关键。利用框架和模板来训练 ChatGPT，可以为文案创作者提供更高水平的支持和指导，帮助他们更好地应对大模型时代的要求和挑战。

在接下来的章节中，我将向你展示如何借助 ChatGPT 的强大功能，运用框架来玩转本书的精彩内容……

第三节

高阶创作：
运用 ChatGPT，打造高效文案

ChatGPT 是一个深度学习模型，它具有卓越的语言处理和学习能力。我们可以将它比作一位不断修炼内功的学者，随着训练方法的不断优化，它的潜力得到进一步挖掘，表现出更加出色的能力。

文案是以销售为目的与顾客进行文字沟通的一种形式。在文案创作中，框架的应用至关重要。通过巧妙地使用限制性的关键词语，将不同的要素有机地联系起来，可以创造出具有更高转化率的文案。

将文案框架应用于 ChatGPT 模型的训练中，不仅可以提升模型对文案的理解能力，还能增强文案的生成效果，从而创作出更具影响力和吸引力的文案。我们称这种训练方法为"模型训练"。

接下来，我将展示如何使用 MCRCP 框架和五指框架来训练 ChatGPT，以进一步提升其文案创作能力。

○ MCRCP 框架

橙花：请你学习 MCRCP 框架，这是一种可以用于撰写产品文案的方法。MCRCP 是指提出错误（mistake）、指出后果（consequences）、给出原因（reasons）、得出结论（conclusion）、引出产品（product）。

ChatGPT：MCRCP 是一种可以用于撰写产品文案的框架。

M —— 提出错误（mistake）：首先，需要指出目标群体在使用现有产品或解决方案时可能犯的错误或面临的挑战。这个步骤有助于引起读者的共鸣，并让他们意识到他们可能需要寻找更好的解决方案。

C —— 指出后果（consequences）：接下来，说明这些错误或挑战可能会给目标群体带来的不利后果。这一步骤让读者理解到，如果他们不采取行动或寻找更好的解决方案，他们可能会错过一些重要的机会或面临一些潜在的风险。

R —— 给出原因（reasons）：在第三个步骤中，解释为什么目标群体会犯这些错误或面临这些挑战。这可以是因为现有产品或解决方案的不足之处，或者是目标群体对于更好选项的无知。通过这一步骤，读者能够更好地理解问题的根源。

C —— 得出结论（conclusion）：在这一步骤中，强调目标群体需要改变当前的做法，并指出为什么寻找一个更好的解决方案是必要的。重点放在解决当前问题的紧迫性和重要性上。

P —— 引出产品（product）：最后，引出你的产品或解决方案，并强调它是如何能够解决之前提到的错误、挑战和后果的。通过突出产品的优势和价值，你可以让读者意识到你的产品是他们需要的。

总而言之，MCRCP 框架是一个有序的结构，通过先提出错误和后果，然后给出原因，最后得出结论和引出产品，来帮助撰写出有说服力、引人注意的产品文案。

橙花：非常棒，你理解得很好。现在和你探讨一下如何用这个结构框架来撰写一篇关于植物牙膏的产品文案。

ChatGPT：当使用 MCRCP 框架来撰写关于一款植物牙膏的产品文案时，我们可以按照以下步骤进行。

M —— 提出错误（mistake）：我们可以指出目标群体在使用传统牙膏时可能犯的错误，如使用含有化学成分的牙膏可能对口腔健康造成负面影响。

C——指出后果（consequences）：下一步我们可以阐述这些错误可能导致的后果，如口腔健康问题的加重、牙齿变黄、牙齿敏感等，同时也可以提及大家对天然、环保产品的日益关注。

R——给出原因（reasons）：在这一步中，我们可以解释为什么目标群体会犯这些错误，可能是因为对传统牙膏成分的不了解或者缺乏对口腔健康的重视。

C——得出结论（conclusion）：接下来，我们可以得出结论，强调寻找一款更好的牙膏是必要的，并指出植物牙膏是解决问题的最佳选择，因为它不含化学成分，符合天然环保的趋势。

P——引出产品（product）：最后，我们引出我们的植物牙膏产品，强调它是如何通过天然植物提取物和温和的配方来保护口腔健康，同时满足用户的环保需求。我们可以突出植物牙膏的好处，如不含氟化物、不含人工香料、护齿效果等。

通过以上步骤，我们可以用 MCRCP 框架撰写出针对植物牙膏的产品文案，从而引起目标群体的共鸣并向他们展示出该产品的价值和优势。

橙花：非常棒，现在给这款牙膏取名为"问植"植物精油牙膏，它蕴含了天竺葵、蓝桉叶和薄荷三种精油。

这三种精油在一定的程度上都对我们的牙齿起到了清洁和保护作用。其中，天竺葵能够呵护我们脆弱的牙龈，减少牙龈出血，坚固牙齿；蓝桉叶可以安全有效地减少口腔中的菌群；薄荷特殊的香气可以让我们的口气保持清新。在用了这款牙膏之后，牙痛牙龈出血和口气问题可以得到很大的改善，而且牙齿也会变白。

请你记住这些文字信息。

ChatGPT：我已经记住了这些关于"问植"植物精油牙膏的文字信息。如果你还有其他问题或需要其他帮助，请随时告诉我。

橙花：请你直接按照 MCRCP 的框架输出一篇 600 字左右的文案，其中不需要出现 MCRCP 的注解，直接成文终稿。要求以一对一聊天式的方式成文，中间的元素环节紧密相连，让读者像坐滑梯一样从头读到尾，文字内容要有感染性，引起人们的共鸣。

ChatGPT：你知道吗，我们使用传统牙膏时，很容易陷入一个误区——它们可能含有一些化学成分，这些成分有时会对我们的口腔健康产生负面影响。而这就是我们过去犯下的错误。

这种错误可能导致一系列的后果，比如牙齿漆黑，牙龈出血不止，甚至口气难闻，这些问题严重影响了我们的日常生活和自信心。而这正是我们不愿意面对的不良后果。

那么，为什么我们会犯这些错误呢？这可能是因为我们对传统牙膏的成分缺乏了解，或者我们没有意识到寻找一个更好的解决方案的迫切性。或许，我们只是一直习惯了传统的方式，没有意识到植物牙膏的潜在好处。

好消息是，我发现了一个方法来解决我们口腔问题的根源，并实现我们对健康和环保的追求。让我向你介绍"问植"植物精油牙膏。

这款牙膏的秘密在于它蕴含的三种特殊精油——天竺葵、蓝桉叶和薄荷精油。它们都具备清洁和保护牙齿的特性，为我们的口腔健康带来巨大的改变。

首先，天竺葵能够温和呵护我们脆弱的牙龈，减少牙龈出血，并坚固牙齿。想想吧，从此不再有牙龈问题困扰，你会重拾自信的微笑。

其次，蓝桉叶可以安全有效地减少口腔中的菌群，保持口腔清洁和健康。感受一下清新口腔所带来的信心和舒适感。

最后，薄荷的特殊香气能够保持口气清新，让你自信满满地面对每一个挑战。想象一下，你每天都能保持清新口气，对各种人际交往更加自信。

更令人惊喜的是，在使用了"问植"植物精油牙膏之后，许多人都发现他们的牙齿变得更加洁白。是的，你没有听错，不仅可以拥有口腔健康，还能拥有亮白的笑容，这意味着你的自信会更加爆棚。

忘掉那些传统牙膏带给你的烦恼与困惑吧！"问植"植物精油牙膏将成为你的新宠。它是你迈向健康生活和环保意识的一大步。

所以，现在就给自己一个机会，尝试使用"问植"植物精油牙膏吧！它将带给你一个崭新的口腔体验，让你从内到外散发出健康自信的气息。

通过上述对话，可以明确看出 ChatGPT 能够迅速理解我们提供的框架，并直接生成一份中规中矩的文案。但是，它生成的文本可能并不完美，需要我们根据自己的要求，进一步优化和调整。

○ 五指框架

橙花：我是《框架文案》的作者，现在需要你与我互动学习《框架文案》这本书里的内容。

ChatGPT：当然，我很愿意与您互动学习《框架文案》的内容。请问您有具体的问题或者需要探讨的主题吗？我们可以一起讨论和分享相关的知识。

橙花：我在书中创造了一个写文案的"五指框架"，可能你还不太了解它是什么，让我先来给你看一则故事吧。

ChatGPT：非常好，请您给我讲解一则故事，让我更了解您的"五指框架"。我会认真聆听，并且随时准备与您讨论。请问从哪个故事开始呢？

橙花：星云大师讲起"五根手指"的故事。

有一天，五根手指争论起谁是老大来。

首先，大拇指说："我最大，因为都是用我去赞赏别人，我又是排第一，你们都得听我的。"

食指听后不服气："民以食为天，'食'就是我；另外大家都用食指指方向，要你向东就向东，要你向西就向西，我的地位最正统了。"

中指说："我在中间，长得最长，所以我最大。

无名指笑道："无名才是有名。众人把名贵的钻石、戒指套在我这里，你们怎能不听我的？"

最后轮到小拇指，他却不说话。其他四指催他表态，他只好说：“我最小，哪有资格同你们争？”不过，小拇指轻声道：“当大家双手合十礼佛时，我离佛祖最近。”

星云大师停顿片刻，展开自己的右手说：“五根手指头长短不一，各有各的角色，如果把它们合起来，就是一个拳头，它代表力量，佛经里视为‘色’，伸开五指为手掌，又为‘空’，空即是色，色即是空，何必计较五指的长短大小？”

ChatGPT：这个故事非常有趣而富有启发性。它呈现了五根手指之间的争论，每个指头都为自己辩护，并试图证明自己是最重要的。然而，星云大师指出，尽管五根手指各有不同的角色和职责，但当它们合拢起来时，它们却形成一个圆，一个完整的拳头，代表团结和力量。

这个故事通过比喻告诉我们，每个人或每个元素都有其独特的价值和作用。无论大小、地位如何，每个人都应该相互尊重和合作，共同发挥自己的优势，互补不足，共同创造更大的价值。

这种思维模式也可以应用于文案创作中。在框架文案中，您提到的“五指框架”可能是基于类似的思想，将不同的元素或要素整合在一起，最终形成一个有力的文案结构。我很期待听听您更多关于这个框架的介绍和应用。

橙花：哇，你太棒了！没错，框架文案包含两个核心因素：“框架”和“元素”。也就是说，在创作文案时，应先搭建框架，再填充元素（也就是具体内容）。

ChatGPT：非常感谢您对我的评价！是的，框架文案的核心概念是搭建框架和填充元素。框架是文案的骨架，它提供了一个结构和组织的框架，以确保文案的逻辑和连贯性。而元素则是指文案中的具体内容，包括文字、图片、图表、引用等。它们共同协作，最终形成一个有力的文案作品。

在编写框架文案时，首先要考虑和确定文案的整体框架，这包括目标受众、核心信息、主题结构等。通过构建清晰的框架，有助于指导整个文案的创作过程，使其更具有逻辑性和可读性。

然后，根据所确定的框架，将适当的元素填充进去。这些元素根据文案的目的和受众需求进行选择和设计，以传达准确、有说服力的信息。

整个过程中，框架和元素相互关联、相互支持，共同构建出一个完整且有效的文案作品。当然，具体的框架和元素选择会根据不同的文案目的和风格而有所差异。

如果您有其他关于框架文案的问题或者想进一步讨论相关主题，我会很乐意继续与您互动学习。

橙花：接着上面的五根手指的故事说，"五指框架"指的就是痛点、好处、干货、欲望、指令。

ChatGPT：非常感谢您的补充。根据您提供的信息，"五指框架"涵盖了痛点、好处、干货、欲望和指令这五个要素。让我们逐个了解了这些要素的含义和作用。

痛点：指的是目标受众所面临的问题、困扰或需求。在文案中，通过描绘和强调痛点，可以引起读者的共鸣和注意。

好处：强调产品或服务可以给目标受众带来的益处、价值或解决方案。通过明确和具体地描述好处，可以激发读者的兴趣和愿望。

干货：指的是文案中提供的实用、有用的信息，如技巧、经验、案例等。通过提供有价值的干货，可以增加文案的可信度和实用性。

欲望：针对目标受众的内心欲望或需求，激发他们的情感和动机。通过对欲望进行准确的洞察和表达，可以引发读者的共鸣和渴望。

指令：在文案中明确告诉读者需要采取的行动或下一步的步骤。通过提供明确的指令，可以引导读者进行具体的操作或决策。

通过按照痛点、好处、干货、欲望和指令的顺序进行布局和展示，"五指框架"提供了一个系统和有逻辑性的结构来编写文案，以更好地引导读者的注意力，建立情感联结，传递价值信息，并最终达到文案的目的。

如果您还有任何问题或者需要进一步讨论，我会很愿意与您互动学习。

橙花：非常棒，看来你理解得很好。以后我只要提起"五指框架"希望你能够明白它指的是：痛点、好处、干货、欲望、指令。

ChatGPT：非常感谢您的赞赏！我会牢记您提到的"五指框架"代表的含义，即痛点、好处、干货、欲望和指令。无论您何时提及这个框架，我都会明确其含义并为您提供相应的支持和讨论。如果您将来有任何与该框架相关的问题或主题，都请随时向我提问。我将竭诚为您服务！

橙花：好的，现在请你作为一位文案高手，为一家儿童摄影机构撰写销售文案，主题是推广其"999 元中国风家庭套餐摄影计划"（该套餐提供 2 小时拍摄，包括两套中国风亲子服装，原价 1999 元。国庆与中秋双节期间，特推出 50 个团购优惠名额，购买后有效期为一年），运用"五指框架"构思文案。文案风格要求活泼热情，采用与目标受众一对一聊天的口吻。

ChatGPT：当然，我很愿意帮助您撰写这篇销售文案，以推销儿童摄影机构的"999 元中国风家庭套餐摄影计划"。根据您的要求，我将用"五指框架"来构思这篇文案，并保持活泼热情、与受众目标一对一聊天式的口吻。

【痛点】想象一下，您和您可爱的宝贝，在一个温馨的摄影棚中，穿着华丽的中国风亲子服装，快乐地摆造型，留下美好的回忆。但您可能烦恼于高昂的价格和复杂的预约流程，导致错过了这个难得的机会。

【好处】别担心，我们特别推出了"999 元中国风家庭套餐摄影计划"，让您与亲子一同享受摄影的乐趣。只需要 999 元，您将获得 2 小时的拍摄时间，两套精美的中国风亲子服装，以及难忘的家庭合照。这是一个难得的机会，将永远留下您与宝贝快乐的时刻。

【干货】我们的摄影师拥有丰富的经验，并专注于捕捉孩子们最真实、最灿烂的笑容。在我们精心布置的摄影棚中，您将感受到温暖的氛围和专业的拍摄设备。我们的服装选择独具特色，以中国传统文化为灵感，既典雅又可爱。这将是一次难忘的体验，您与宝贝将化身为童话中的主角。

【欲望】想象一下，当您以后翻开这些照片，您会看到自己和宝贝的灿烂笑脸，您会意识到这是一次珍贵的回忆，是一段让您与宝贝更加亲近的时光。您将感到由衷的自豪，因为您不仅给宝贝带来了美好的时刻，还给他留下了珍贵的记忆。

【指令】现在，这个独特的"999元中国风家庭套餐摄影计划"仅限50名团购优惠名额。别让这个机会从您手中溜走！立即点击下方链接或拨打我们的电话，预约您的拍摄时间。这个优惠名额只在国庆和中秋双节期间有效，购买后一年内可使用。

通过这篇销售文案，我们希望您能够感受到我们推出的"999元中国风家庭摄影套餐计划"的独特魅力。让我们一同记录下您和宝贝最美好的时刻，留下难忘的回忆吧！

如果您对文案的内容或者其他问题有任何反馈或者需要改进，请随时告诉我。我会全力满足您的需求！

橙花：文本内容不错，但是有点过于模式化，现在需要你优化。痛点部分需要增加场景描写和情感因素的表达。可以从更多方面来丰富内容。例如，一直渴望为家庭拍摄一套别具一格的照片，却对市面上千篇一律的风格感到不满；或者曾经历过服务质量平平的家庭摄影，以及在拍摄后因额外选择照片而不得不支付更多费用，感觉受到了欺骗，过程令人不快。只修改痛点部分的内容，暂时不修改其他内容，也不再赘述其他内容。

ChatGPT：非常感谢您的反馈和要求。我将在痛点部分增加更多的场景描写和情感因素的表达，以更贴切地体现目标受众的痛点。以下是优化后的痛点内容：

【痛点】多年来，您一直心心念念地想给家人拍一套独特的家庭套餐留影，但市面上千篇一律的摄影风格让您感到很不满意。您渴望找到一家能够满足您对独特风格的渴望的摄影机构，但一直没有找到理想的选择。

或许您曾尝试过其他家庭套餐，但服务质量却令您失望。后期选片居然还需要额外收费，让您感觉受骗、心情低落。您为什么不能找到一家真正关心顾客体验的摄影机构，让拍摄过程轻松而愉快，省心又舒心呢？

或者，您一直期待着这样的机会，想为家人选择一套特别的亲子服装，展现独特的风格，在非凡拍摄环境的摄影机构，让您和家人沉浸在传统文化的魅力中。

我希望以上痛点部分能更好地满足您的要求，表达出您对于摄影风格的追求、对于服务质量的期待，以及对于独特体验的渴望。如果您对文案的内容还有其他需要改进之处，请随时告诉我，我会继续为您提供优化建议。

通过连续的对话，ChatGPT 已经非常清楚什么是"五指框架"了，不过一次性生成它的文案可能存在一些问题，我们需要不断地调整提示词，以优化文本输出。

在上述案例中，我对"痛点"部分的答案进行了优化，后面还可以根据需求，继续优化好处、干货、欲望和指令部分。

现在，你已经领略到了 ChatGPT 在文案创作方面的神奇之处，并且意识到了掌握更多框架的优势。

这本书只是简单地介绍了一些框架，而实际上还有许多其他优秀的框架未被提及。期待你在未来的学习中逐渐发现和掌握更多框架，并学会创造全新的框架。

相信你能够熟练运用 ChatGPT，创作出更多精彩的文案作品！

精彩语录

❶ 文案有三框，境界有三重。

❷ 无框架，不效率。

❸ 先整体再局部，先框架再元素。

❹ 伸手是框架，握拳是力量。

❺ 高手做事的秘密武器就是框架思维。

❻ 你必须学会从十万米高空鸟瞰这个世界。

❼ 你要消除自我，才能抵达客户的世界。

❽ "你"不关心与"你"无关的事。

❾ 振本而末从，知一而万毕矣。

❿ 价值不塑造，东西卖不掉。

参考文献

1. 维克托·迈尔-舍恩伯格，肯尼斯·库克耶，弗朗西斯·德维西库.框架思维.唐根金，译.北京：中信出版集团，2022.
2. 孙玉立.结构作文.北京：新华出版社，2018.
3. 约瑟夫·休格曼.文案训练手册.杨紫苏，张晓丽，译.北京：中信出版集团，2015.
4. 罗伯特·布莱.文案创作完全手册.刘怡女，袁婧，译.北京：北京联合出版公司，2013.
5. 芭芭拉·明托.金字塔原理：思考、表达和解决问题的逻辑.汪洱，高愉，译.海口：南海出版公司，2013.
6. 安东尼·塔斯加尔.故事力思维.北京：中国友谊出版公司，2019.
7. 许荣哲.故事课1：说故事的人最有影响力.北京：北京联合出版公司，2018.
8. 邓世超.结构演讲力：用简单结构，打造极致演说.北京：电子工业出版社，2022.
9. 罗伯特·索尔所，奥托·麦克林，金伯利·麦克林.认知心理学.上海：上海人民出版社，2019.

后 记

在这个飞速发展的移动互联网时代，文案是赚钱的利器，写好文案是打造个人品牌不可或缺的技能。文案的重要性不言而喻。但是，快速下笔，写出一篇优秀文案的能力却不是人人都有的。

经常有朋友问我："橙花，为什么你写的文章总是让我忍不住一口气读完？你发的朋友圈总是那么诱人，让我忍不住想点开看看？你有什么秘诀吗？"

为了帮助更多人跨越写文案的障碍，2022 年的 9 月 1 日，我决定写一本文案方面的书。动笔之前，我花了 43 天时间思考从哪个角度去探讨文案。最终我选择了"框架"这个角度。因为"框架"正是我创作文案的法宝，它不仅改变了我的人生轨迹，让我的事业取得突飞猛进的发展，更深刻地影响了我的人生观。它使我在面对人生的难题游刃有余，并实现了快速成长。

本书初稿于 2022 年底完成，并且取得了版权局作品登记证书。2023 年经历了 ChatGPT 的热潮，我又花了半年时间打磨书稿，新增了"收钱文案"和"AI 文案"两个章节，后历经多次斟酌和修改，最终于年底完成了《框架文案》的创作。

幸运的是，这本书稿受到了清华大学出版社的青睐，得以面世。在此，我非常感谢本书编校团队，正是因为他们的不懈努力，本书才得以出版。

感谢我的营销启蒙老师刘克亚，他不仅带给我营销的启迪，更是影响了我的世界观、人生观和价值观。

我常常想起克亚老师说的一句话："营销是为了彰显人性的光辉。"文案又何尝不是为了彰显人性的光辉呢？

感谢"智多星"曹志，他对于我写这本书给予了鼓励和支持，并且帮助我传播框架文案的概念。

感谢我的朋友郑利民女士和陈晔女士，谢谢我的爱人代相成先生，是他们无条件的支持和关怀，才让我的梦想之花得以绽放。

奥地利作家斯蒂芬·茨威格曾经说："一个人最大的幸福莫过于在人生的中途，富有创造力的壮年，发现自己此生的使命。"

通过文案写作，我很幸运地找到了自己的价值所在。现在，我可以安静地隐匿于字里行间，期待与每一位因文案结缘的读者分享我内心的期望。

我期待，在某个宁静的时刻，书中的某个篇章能够点燃你心灵深处的创意火花，激发你在文字的海洋扬帆起航，创造无限可能。

橙花